Q&A
消費者からみた
改正民法

第2版

日本弁護士連合会
消費者問題対策委員会 編

発行 民事法研究会

第 2 版はしがき

　平成29年（2017年）5月26日、民法の一部を改正する法律（平成29年法律第44号）が、参議院本会議において可決・成立しました。

　本書は、法制審議会で検討が始まってから、「民法（債権関係）の改正に関する要綱」が確定するまでの検討状況にあわせて、当委員会が検討していた内容をまとめた初版（平成27年4月21日発行）を、国会での審議状況のみならず、平成28年（2016年）5月に可決・成立し、本年（平成29年）6月3日に施行された改正消費者契約法の内容およびその後の内閣府消費者委員会におけるさらなる改正に向けた検討結果（その内容については、平成29年8月8日付け府消委第196号消費者委員会の答申書および答申書別添の「消費者契約法専門調査会報告書」）を踏まえて、改訂したものです。なお、民法が改正されたことを受け、初版書籍名の「民法改正」部分を「改正民法」に改題しています。

　民法は、市民生活を営むうえで基本となる法律であり、その改正は、国民生活に大きな影響を与えるものです。とりわけ、情報の量および質、交渉力の格差を背景にした事業者と消費者との間の取引をめぐる法律関係に重大な影響を与えます。

　初版については、多数の方々に購読いただくとともに、民法（債権関係）改正の意味と今後の課題を契約弱者である消費者の観点から明らかにする文献ということで、国会審議の場でも議員の方々の参考として活用されました。また、本書の執筆者のうち3名は、衆参両院で参考人として意見陳述を行っています。その意味でも、初版は、立法過程にも大きな影響を与えたものです。

　本書で「■残された課題■」として取り上げている暴利行為、個人保証人の保護の方策、定型約款、消滅時効、諾成的消費貸借といった問題点は、衆参両院における附帯決議として取り上げられています。

　本書は、消費者契約法の改正も踏まえ、初版よりもさらに民法（債権関

第2版はしがき

係）の改正内容について、市民の皆さんや消費生活相談員の皆さんにわかりやすいものになったと自負しています。改正された新しい民法は、平成32年（2020年）には施行されます。消費者のために本書をご活用いただけば幸いです。

　最後に、本書の出版にご理解とご協力をいただいた民事法研究会の皆様に御礼申し上げます。

　平成29年（2017年）12月

日本弁護士連合会消費者問題対策委員会

委員長　瀬戸　和宏

はしがき（初版）

　平成21年（2009年）10月から法制審議会で民法（債権関係）の改正に向けた検討が進められ、平成27年（2015年）3月に民法（債権関係）の改正案が閣議決定されました。今後、国会で審議されることになります。民法（債権関係）の改正は国民生活に大きな影響を及ぼすものであり、とりわけ消費者をめぐる法律関係について重大なかかわりを持つものです。当委員会は、検討当初から要綱が確定するまでの間、日弁連司法制度調査会内に設けられた法制審議会バックアップ会議に委員を送り、今回の民法（債権関係）の改正が、情報力と交渉力で劣位にある消費者や中小事業者の権利を強化するものになるよう、意見を述べ続けてきました。

　民法（債権関係）の改正案の中には、保証人保護や定型約款など、当委員会がその必要性を述べ続けたことで立法される新しい制度が含まれています。しかし、当委員会から意見を述べ立法化が期待されたものの、最終的には立法化が見送られたさまざまな論点もあります。これらの論点は、今回の改正では、立法化が見送られましたが、その必要性が否定されたものではありません。当委員会が述べてきた意見については、今後の実務の解釈や立法運動の中で、いつの日か必ずや実現されていくものだと考えています。

　本書は、当委員会民法改正部会の委員が、消費者のための民法改正という観点から、改正案にまとめられた民法（債権関係）の改正について、何が変わったのか、今後考えていくべき点は何かを「Q&A」、「Step Up!」、そして「■残された課題■」に分けてわかりやすくまとめたものです。

　本書が、弁護士など法律実務家が改正された民法（債権関係）を深く理解することに活用され、さらに、民法（債権関係）改正の国会審議において、消費者の権利実現の観点から、より充実した検討をするための一助となることを期待しています。

　同時に、本書は、改正内容について、市民の皆さんや消費生活センターの消費生活相談員の皆さんにもわかりやすいように解説をしています。多くの

はしがき（初版）

　市民の皆さんや消費生活相談員の皆さんに本書を手にとっていただき、民法改正で、何が変わろうとしているのか、また今後考えていくべき点は何かを理解していただき、消費者のために新しい民法を活用していくうえで座右の書となることを強く期待しています。

　平成27年（2015年）4月

　　　　　　　　　　　　日本弁護士連合会消費者問題対策委員会

　　　　　　　　　　　　　　　　委員長　**野々山　宏**

『Q&A 消費者からみた改正民法〔第2版〕』
目　次

本書の読み方……………………………………………… 1

Q1　現行法を改正することの意味と理由……………… 2

①なぜ、現行法を改正するのでしょうか。　②現行法が改正されることは、消費者にとってどのような意味をもつのでしょうか。

〈key word〉債権……………………………………………… 3

Q2　暴利行為 見送り …………………………………… 6

高齢者を狙った消費者被害が増えていると聞きます。高齢者の判断能力の低下につけ込んだ悪質商法に対応できるような新しい規定はできるのですか。

Q3　意思無能力 明文化 ………………………………… 10

意思無能力の規定が新しく定められるということを聞きましたが、どのような内容になったのでしょうか。

〈key word〉法律行為、表意者……………………………… 11

Q4　錯　誤 一部新設 …………………………………… 14

①動機の錯誤に関する規定が設けられるのですか。　②取引の相手方が表意者本人の誤解（錯誤）を生じさせる、いわゆる「不実表示」に関する規定は設けられるのですか。

〈key word〉意思表示………………………………………… 15

Q5　第三者による詐欺など 新設 ……………………… 18

①契約の相手方以外の人からだまされた人は、どのような場合に意思表示を取り消すことができますか。　②そのだました人が、相手方の代理人や媒介受託者（不動産仲介業者など）だった場合はどうですか。

目　次

　　　〈key word〉当事者、第三者……………………………………… *18*

Q 6　無効と取消しの効果 新設 ……………………………… *24*

　　　契約を取り消したり、無効であったとき、すでに支払っていた代金や引き渡していた商品の返還についてのルールはどうなりますか。

Q 7　消滅時効(1)——時効期間 新設 ………………………… *28*

　　　①債権の消滅時効期間はどのように変わるのですか。②交通事故などの人身損害による損害賠償請求権も、消滅時効期間が短くなるのですか。

Q 8　消滅時効(2)——時効の猶予・更新 新設 ……………… *32*

　　　新民法では、交渉中でも消滅時効は完成するのですか。また、交渉中に時効の進行を止めることはできますか。

　　　〈key word〉要件・効果 ……………………………………… *33*

Q 9　法定利率と中間利息控除 新設 ………………………… *36*

　　　①業者に損害賠償請求をしますが、遅延損害金の利率はどうなりますか。②交通事故で会社員の夫が死亡しました。損害賠償請求をするのですが、将来得ることができたはずの収入についての中間利息はどのように計算されますか。

　　　〈key word〉事業者、帰責性 ………………………………… *37*

Q10　債務不履行による損害賠償責任 見送り ……………… *42*

　　　債務不履行による損害賠償責任の規定はどう変わるのですか。

Q11　複数契約の解除 見送り ………………………………… *46*

　　　関連する複数の契約の解除に関する規定は設けられますか。

　　　〈key word〉実体法 …………………………………………… *47*

Q12 保証(1)──個人保証の制限 新設 ……………… 50

私は事業をしています。銀行から融資を受けたいと思いますが、親戚を保証人とすることはできるのでしょうか。

Q13 保証(2)──保証人に対する情報提供義務 新設 ……… 54

保証人を保護するための規制として、保証人に対する情報提供義務が定められたと聞きました。具体的には、どのような内容になっているのでしょうか。

Q14 保証(3)──保証人の負担軽減 新設 見送り ………… 58

新民法では、根保証契約を規制するなど、保証人の責任が無限定なものとならないような手立てはなされているのでしょうか。また、過大な保証を禁止する規制の導入は見送られたのでしょうか。

Q15 債権譲渡と債務者の抗弁──異議をとどめない承諾の制度 廃止 …………………………………… 62

支払い済みの債権が譲渡されるという通知が届いたのですが、他の債権と間違え、「すべての抗弁を放棄します」との一文が入った文書に署名してしまいました。私は、譲受人からの支払請求に応じなければならないでしょうか。

Q16 債務の履行の相手方──準占有者への弁済 見送り
……………………………………………………………… 66

旅行中に、自宅に泥棒が入り、銀行通帳と銀行の届出印を盗まれ、何者かがその盗んだ通帳と印鑑を使って、銀行から預金を勝手に払い戻してしまいました。私の預金はどうなりますか。

〈key word〉一般条項、履行……………………………… 67

目 次

Q17　説明義務・情報提供義務 見送り ……………… 70
説明義務・情報提供義務の規定は設けられなかったのでしょうか。

Q18　信義則等の適用にあたっての考慮要素 見送り …… 74
悪質な販売業者が、知識の乏しい中小事業者を狙って結んだリース契約のトラブルなどに、信義則等を適用するにあたって、当事者間の格差を十分に考慮するための規定は設けられたのですか。

Q19　定型約款⑴──組入要件、開示義務 新設 …………… 78
①約款に関する新民法の新しい規定はどのような内容ですか。②事業者が一方的に定めた約款は、どのような場合に契約の内容になるのですか。③消費者は、事業者に対して、「約款を見せてほしい」と求めることはできるのですか。

Q20　定型約款⑵──内容規制・約款変更 新設 …………… 82
①事業者に著しく有利な内容の約款条項について、どのような法規制が定められたのですか。②事業者が契約締結後に一方的に変更した約款が拘束力をもつのはどのような場合ですか。

Q21　売買──商品の不具合 新設 ……………………………… 86
インターネットでパソコンを買ったところ、その部品が壊れていました。買主として、どのようなことを請求できますか。新民法では、買主が請求できることに変更がありますか。

Q22　消費貸借の成立 新設 ……………………………………… 90
お金などの貸し借りに関する契約（消費貸借）のルール（成立要件）が変わると聞きましたが、どう変わるのでしょうか。

Q23　賃貸借契約──原状回復 [新設] …………………… *94*

賃貸マンションなどの賃貸借契約終了後に賃借人が負う原状回復に関する義務を定める新しい規定が設けられたようですが、どのような内容ですか。

Q24　請負──注文者の権利の期間制限 [新設] ………… *98*

仕事の目的物に、契約の内容に適合しない部分が存在した場合に、注文者が権利を行使するための期間は、どのように変わるのですか。

Q25　周知期間と適用関係 ……………………………… *102*

①新民法の規定が適用されるのは、いつからになりますか。②新民法の規定が適用される日より前の法律関係に、新民法が適用されることはありますか。また、それはどのような場合でしょうか。

【資料①】「民法の一部を改正する法律」（平成29年法律第44号）による改正後の民法条文（抜粋）………… *106*

【資料②】「民法の一部を改正する法律」（平成29年法律第44号）附則 ……………………………………… *121*

【資料③】「民法の一部を改正する法律に対する附帯決議」（衆議院・参議院）・論点対照表 ……………… *126*

執筆者一覧 ………………………………………………… *130*

凡　例

凡　例

（法令）

・新民法	民法の一部を改正する法律（平成29年法律第44号）
・金融商品販売法	金融商品の販売等に関する法律
・特定商取引法	特定商取引に関する法律
・品確法	住宅の品質確保の促進等に関する法律
・附則	民法の一部を改正する法律（平成29年法律第44号）附則

（判例集）

・民録	大審院民事判決録
・民集	大審院民事判例集／最高裁判所民事判例集
・集民	最高裁判所裁判集民事
・判時	判例時報
・判タ	判例タイムズ
・欠陥住宅判例	欠陥住宅被害全国連絡協議会『消費者のための欠陥住宅判例』

（その他）

・基本方針	債権法改正の基本方針
・中間試案	民法（債権関係）の改正に関する中間試案
・中間論点整理	民法（債権関係）の改正に関する中間的な論点整理
・要綱	民法（債権関係）の改正に関する要綱

本書の読み方

　本書は、新民法のうち、消費者被害の救済に関連する25テーマを取り上げて解説をしています（現行法から内容が変更されているもの、または、新たに設けられているものは 新設 または 一部新設 、従来の運用が明文化しているものは 明文化 、廃止となっているものは 廃止 、内容に変更が加えられていないものは 見送り としています）。

(1) **とにかく速く新民法の内容を知りたい場合**

> Qと Answer を読む。

> 　Answer では、新民法のポイントを、わかりやすい表現で解説しています。その際、**key word**（重要用語の解説）も参照することで、理解がしやすくなります。
> 　また、新民法の内容についてイメージできるよう、あるいは、ポイントを整理するために、図や表を掲載しています。 Answer とあわせて参照することで理解を深められるでしょう。
> 　さらに詳しいことを知りたい場合には、その次のページにある Step Up! もお読みください。

(2) **新民法の内容に加え、背景や問題点などまで知りたい場合**

> ① まず、Qと Answer を読む。
> ② 次に、 Step Up! ■残された課題■ を読む。

> 　まずは、Qと Answer を読んで、新民法のポイントを押さえてください。それから Step Up! に進みます。
> 　 Step Up! では、新民法の内容をより深く理解するために、現行法の問題や、改正の背景、検討の経過などまで解説しています。
> 　さらに、■残された課題■では、新民法の抱える問題点を指摘しています。

Q1 現行法を改正することの意味と理由

① なぜ、現行法を改正するのでしょうか。
② 現行法が改正されることは、消費者にとってどのような意味をもつのでしょうか。

Answer

① **現行法改正の必要性**

今回の新民法への改正は、民法の債権関係について、民法を現代の社会・経済の変化に対応した内容にすることや、国民にわかりやすくするということを目的としています。

② **民法改正と消費者**

民法は、事業者と消費者との取引だけではなく、事業者と事業者、消費者と消費者との間にも適用される基本的な法律です。ですから、事業者と消費者との取引を規律する消費者契約法以上に、消費者にとっても重要な意味をもちます。

〈どのように変わるのか〉

現行法の問題点

- 現在の民法の成立
  → 明治29（1896）年公布、明治31（1898）年施行
  → それ以降、約120年間、抜本的な改正がなされておらず、現代社会とそぐわないところがある。
- 消費者と事業者という交渉力の格差を踏まえた規定がない。
- 判例理論について書かれていない（法典を読んだだけではどのような場合に適用されるかなどがわからない）。

新しい民法の姿

- 現代社会の取引にあわせた契約関係の規律とする。
- 保証や約款規定などを中心にして、契約弱者を保護する。
- 争いのない判例理論を規定する。

---

key word

債 権

　債権とは、特定の人（債権者）が、他の特定の人（債務者）に対して、一定の行為（＝給付）を請求することができる権利です。債権者は、債務者が行った行為の結果（たとえば、弁済や目的物の引渡しなど）について、保有（保持）することが許されます。

Q1 現行法を改正することの意味と理由

Step Up!

1　民法（債権関係）を改正することになった経緯

現行法は、明治29（1896）年に成立し、明治31（1898）年に施行された、大変古い法律です。当初は、漢字を中心にカタカナの混じった文語体で書かれていましたが、その後、現代語化がなされています。しかし、その内容については、基本的には、約120年前の制定時から抜本的な見直しがなされていませんでした。そのため、現代のような複雑化した社会の基本的な法律関係を定めるものとしては、不十分との批判がありました。

そこで、法制審議会に対し、法務大臣から、平成21年10月28日に、民法の債権関係について、社会・経済の変化への対応を図り、また、国民にわかりやすくするなどの観点から、改正要綱を示されたいという諮問（諮問第88号）がなされました。これを受けて、民法の債権関係につき、契約に関する規定を中心に検討するために、法制審議会に民法（債権関係）部会が設置され、平成21年11月から平成27年2月まで99回開催され、民法第3編「債権」の規定のほか、同法第1編（総則）のうち第5章（法律行為）、第6章（期間の計算）および第7章（時効）の規定が検討され、改正に向けて審議されました。その審議の過程で、平成23年4月に「中間論点整理」が、平成25年3月に「中間試案」が公表され、パブリックコメントに付されました。そして、平成26年8月に「要綱仮案」が、平成27年2月に「要綱案」が決定され、同年3月に改正案が国会に上程されました。その後、平成28年11月より、衆議院で約35時間の審議を経て、平成29年4月14日に衆議院本会議で可決し、参議院で約30時間の審議を経て、同年5月26日に可決・成立しました。

2　消費者にとってわかりやすい民法

消費者は、事業者と、日常的にさまざまな取引を行って消費生活を営んでいます。民法は、消費者と、業務として継続的に事業を行っている事業者との取引全般に適用される法律ですから、消費者にとって、民法の規律は大変重要な意味をもっています。

Q1 現行法を改正することの意味と理由

　消費者と事業者との取引では、交渉力や情報量に格差が存在しますが、現行法は対等な関係での法律関係を前提として規律されていますので、消費者保護という観点からは不十分なものでした。そのため、改正過程で公表された「中間論点整理」では、「第62　消費者・事業者に関する規定」として、「民法に消費者・事業者に関する規定を設けることの当否」が検討されました。法制審議会の決議は、民法（債権関係）部会のメンバーの全員一致によるため、民法という一般法に事業者や消費者の特則を設けることに消極的な意見があり、新民法では、消費者や事業者概念は規定されていません。一方で、新民法においては、個人の保証人の保護のためのさまざまな制度を設け（☞Q12〜14）、同一かつ大量の取引を行うために事業者が用意している約款等について民法で一定の規律を設ける（☞Q19・20）等の改正が行われました。これらは、消費者と事業者との取引関係にとって、ルールが明確になるというメリットがあります。また、新民法では、現行法では明確に条文に書かれていないものの、これまで確立した判例法理については、判例法理の明確化という観点から、明文の規定が置かれたものもあります。以上から、新民法は消費者にとってわかりやすくなったといえるでしょう。

　ただ、同時に、民法という社会の基本を定める法律を制定するということは、社会のさまざまな利害関係者の利益を調整する作業そのものであり、政治による利益配分となります。そのため、新民法は、消費者保護という点からは、必ずしも十分でないという評価があり得るかもしれません。しかし、妥協がなされたからということのみで、改正の意味をすべて否定する必要はありません。国会では、消費者保護の観点から検討されてきたさまざまな論点につき、十分に議論され、結果的に修正されていませんが、多くの附帯決議が付きました。さらに、法制審議会において、現行法の問題として消費者保護の観点からなされたさまざまな立法提案は、事業者と消費者の取引に関する重要な法律である消費者契約法の改正の中で活かされることになりました。ですから、最終的に民法の改正に結びつかなくとも、今後、消費者保護の制度を求めていくうえで、重要な改正です。

（黒木和彰）

Q2 暴利行為 見送り

高齢者を狙った消費者被害が増えていると聞きます。高齢者の判断能力の低下につけ込んだ悪質商法に対応できるような新しい規定はできるのですか。

Answer

　高齢者被害などの救済に有用な「暴利行為」の法理（右図参照）を明文化することが議論されましたが、残念ながら、新民法には含まれていません。

　もっとも、暴利行為という考え方は、新民法における明文化の有無にかかわらず、これまでどおり、判例法理として、裁判実務や相談実務において使われ続けます。

　なお、消費者契約法が改正され、暴利行為の典型例である過量契約の事案（例、高齢者の判断能力の低下に乗じて不必要な商品を大量に買わせたような事案）に消費者取消権を認める制度が導入されました。また、さらなる消費者取消権の拡張が検討されています。

〈暴利行為に関する考え方〉

> **昭和9年判例の暴利行為論**
>
> ① 相手方の窮迫、軽率または無経験に乗じて、
> ② 著しく過当の利益を獲得する行為
>
> は無効とする。

↓

> **現代における暴利行為論**
>
> ① 当事者の困窮、従属もしくは抑圧状態、または思慮、経験もしくは知識の不足等を利用して、
> ② その者の権利を害し、または不当な利益を取得することを内容とする法律行為
>
> は無効とする。

↓

暴利行為の明文化？

↓

見送り

Q2 暴利行為

> Step Up!

1 現行法の規定と問題の所在

現行法90条（いわゆる公序良俗規定）は、「公の秩序又は善良の風俗に反する事項を目的とする法律行為は、無効とする」とのみ規定しており、その具体的な内容は必ずしも明確ではありません。

大審院昭和9年5月1日判決（民集13巻875頁）は、①相手方の窮迫、軽率または無経験に乗じて、②著しく過当の利益を獲得する行為を公序良俗に反し無効であると判示し（事案は、債務の担保として質入れされた保険金債権を丸取りする特約を暴利行為として無効とするものでした）、公序良俗規定の1類型としての「暴利行為」という考え方を認めました。

その後の裁判例は、上記の暴利行為という考え方を柔軟に解釈・適用し、消費者の専門知識の不十分さ、認知症による高齢者の判断能力の低下、会社と社員といった断り難い状況の下で相手方の弱みにつけ込んで事業者が消費者に必要のない高価な物品や過剰な物品を購入させたといった事案において、当該契約を暴利行為として無効とすることで、消費者被害の救済を図ってきています。

2 審議の経過と新民法の内容

今回の民法改正では、民法を国民にわかりやすく、時代に合ったものとすることが目的とされました。

そこで、裁判例で活用されていながら民法には明文の規定がない「暴利行為」の法理を明文化すべきではないか、明文化する際には時代に合った内容で規定すべきではないかということが問題となりました。

具体的には、「①当事者の困窮、従属もしくは抑圧状態、または思慮、経験もしくは知識の不足等を利用して、②その者の権利を害し、または不当な利益を取得することを内容とする法律行為は無効とする」といった規定を明文化することを検討してはどうか、ということが論じられました。

このような暴利行為規定の立法化に対しては、近時増えてきている高齢者

の被害事例などの救済を促進するとして、賛成する意見が多数述べられました。他方、経済活動に対する制約になる、経済活動を萎縮させるなどとして、立法に反対する意見も強く述べられました。

最終的には、立法に向けた意思の統一を図ることが難しいという理由により、新民法では、暴利行為規定は設けられないことになりました。

なお、民法改正論議における上記のような結論は、暴利行為規定を新民法に条文として明文化はしないということにすぎず、裁判実務において現に活用されている暴利行為の法理の存在や重要性を否定するものではありません。したがって、裁判実務や相談現場においては、今後も暴利行為の法理がこれまでどおり活用されることになります。

■残された課題■

高齢者の消費者被害の増加という社会情勢を踏まえれば、暴利行為という民事ルールを現代社会に適合した要件で明文化することは重要です。この点は国会の審議でも議論となり、衆参両院の附帯決議において今後の重要な立法課題であることが確認されました。

また、平成29年6月施行の改正消費者契約法において、暴利行為の典型事例である過量契約（次々販売を含みます）の事案に消費者取消権を認める制度が導入されました。加えて、現在、消費者庁において、霊感商法や恋人商法などの事案にも消費者取消権を認めるようにすることが検討されています。さらに、内閣府消費者委員会は、高齢化の進行や成年年齢の引下げの動きを踏まえ、高齢者・若年成人・障害者等の知識・経験・判断力の不足を不当に利用して過大な不利益をもたらす契約の勧誘（つけ込み型不当勧誘）に消費者取消権を認める新制度の導入を喫緊の課題としています。

（山本健司）

Q3 意思無能力 明文化

意思無能力の規定が新しく定められるということを聞きましたが、どのような内容になったのでしょうか。

Answer

　重度の認知症の人のように、契約をするための判断能力を有していない人が行った契約などの法律行為は無効であるとされています。この点、判例・学説は一致して、意思能力があることは法律行為の有効要件であるとしてきました（大審院明治38年5月11日判決）。すなわち、全く判断能力がない状況（＝意思無能力）で結ばれた契約は無効であるとされてきました。

　しかし、現行法には、意思無能力についての定義規定は置かれていません。

　新民法は、右の表のように、意思能力について、法律行為の有効要件として、明文で定めることとしました（3条の2）。

〈新民法3条の2〉

> 法律行為の当事者が意思表示をした時に意思能力を有しなかったときは、その法律行為は、無効とする。

〈新民法が規定する無効・取消しの原因〉

	現行法が存続する規定	新民法の規定
無効	虚偽表示（現行法94条）	意思無能力（新民法3条の2）
		公序良俗（新民法90条）
		心裡留保（新民法93条）
取消し	制限行為能力 （現行法5条・9条・13条・17条）	錯誤（新民法95条）
		詐欺・強迫（新民法96条）

key word

法律行為

　法律行為とは、売買契約や賃貸借契約などのように、人が、私法上の権利の発生・変更・消滅（これらを「法律効果」といいます）を望む意思（これを「効果意思」といいます）に基づいてする行為であり、その意思表示の求めるとおりの法律効果を生じさせるもののことです。

表意者

　表意者とは、意思表示の表示行為を行った人のことをいいます。

Q3 意思無能力

Step Up!

1 現行法の規定

現行法には、意思能力についての規定がありません。

しかし、「各個人は、原則として自己の意思に基づいてのみ、権利を取得し義務を負う」という民法の大原則である私的自治の原則からすると、その人に判断能力が備わっていない状態でなされた法律行為は、その人の意思に基づくとはいえません（我妻栄『新訂民法総則（民法講義Ⅰ）』（昭和40年）60頁）。意思能力の存在を法律行為の有効要件とすることについて、判例・学説上の異論はありません（大審院明治38年5月11日判決・民録11輯706頁等）。これは、意思無能力者を保護するための考え方であるとされています。

2 問題の所在および新民法の内容

現行法に規定がないことから、意思能力を欠いた法律行為は無効になるというルールがわかりにくい状況にあります。また、現代の超高齢社会においては、判断能力を欠く高齢者が多数存在しますが、すべての判断能力を欠く高齢者に成年後見制度などの取消権制度を利用させることは現実問題として難しいことから、意思能力を欠いた法律行為は無効という民法ルールを明文で定める必要性が高くなりました。そこで、意思無能力の規定が、新民法に盛り込まれたものです。

3 審議の経過

新民法には、意思能力の定義が規定されません。

講学上、意思能力は、「自分の行為の結果を判断することのできる精神的能力であって、正常な認識力と予期力とを含むもの」（我妻栄『新訂民法総則（民法講義Ⅰ）』（昭和40年）60頁）と定義されています。

中間試案の段階では、意思能力の定義について、物事の結果を判断する能力の「事理弁識能力」とする考え方や、特に定義を設けず、意思能力を欠く状態でされた法律行為を無効とすることのみを規定するという考え方が示されました。新民法では、後者の考え方が採用されました（3条の2）。事理

弁識能力と定義しても、その内容に行為の制御能力まで含むかなどが明確ではなく、また、取引類型によって、取引に必要な能力に違いがあり（たとえば、100円のチョコレートを買う契約と、3000万円のマンションを買う契約では、必要となる判断能力が異なる）、このために意思能力があるかどうかに違いが生じる（たとえば、100円のチョコレートを買う意思能力はあっても、3000万円のマンションを買う意思能力はないことがある）ことなどから、定義規定を置かず解釈に委ねる考え方が採用されました。

また、中間試案においては、日常生活に関する行為については、この限りでない（意思能力がない状態で契約しても無効とならない）という例外規定を設けることも議論されましたが、新民法には盛り込まれませんでした。

例外を設ける考え方は、日常生活に関する行為についてまで無効とされると、取引の相手方が不測の損害を被ることや、無効を主張されるリスクを避けるため日常生活上の買い物などの取引を相手方から拒絶され、かえって意思無能力者の保護に反するとの理由に基づくものです。しかし、日常生活に関する取引といっても、幅があること、多額に及ぶ場合あること、意思無能力者であることを理由に日常生活に必須な取引を拒否されるという実態が本当にあるのかなどといった疑問から、新民法には盛り込まれませんでした。

■残された課題■

新民法では、無効の意味について、絶対的無効になるか（相手方からも主張できるか、本人が主張しなくても当然に無効となるか）、取消的無効になるか（本人以外は主張できない無効となるか）について、特に明文化されませんでした。現行法においても、解釈上、意思無能力による無効は、表意者保護のための考え方であることから表意者以外は主張できない（取消的無効）という考え方が有力になっており、新民法においても、このような解釈が妥当と考えられます。

（岡島順治、黒木和彰）

Q4 錯誤 一部新設

① 動機の錯誤に関する規定が設けられるのですか。
② 取引の相手方が表意者本人の誤解(錯誤)を生じさせる、いわゆる「不実表示」に関する規定は設けられるのですか。

Answer

① 明文の規定が設けられます。
② 立法に反対する意見もあったため、明文化は見送られました。もっとも、相手方による誤った表示等のために表意者に錯誤が生じ、その誤った認識を前提として表意者が意思表示をし、そのことを相手方も当然の前提と認識していたと評価できる場合には、「法律行為の基礎とされていることが表示されていた」と評価して錯誤取消しを主張することも可能とする指摘も、法制審議会でありました。

また、事業者の不実告知により消費者が誤認した場合、従来通り消費者契約法4条1項1号により取り消せます。なお、同法が改正され(平成29年6月3日施行)、不実告知の対象事項が契約の目的物に関する事項に加え契約の必要性にも拡大されました。

〈新民法の内容（新築用土地の購入に関する錯誤のケース）〉

◎：規定あり
○：規定はないが、判例で認められている
△：規定がなく、解釈に委ねられている

錯誤の種類	具体例	現行法	新民法
表示の錯誤	希望する建物の建築に適する土地が23番地なのに、32番地だと誤解して、32番地の土地を購入した。	◎	◎
動機の錯誤（通常）	建物の設計図を見せて、その敷地として購入したい旨を売主に伝えたうえで購入したが、実際には土地の形状等の問題でその建物は建築できなかった。	○	◎
動機の錯誤（相手惹起型）	希望する建物が建築できると売主から説明されて購入したが、実際には土地の形状等の問題でその建物は建築できなかった。	△	△
【参考】不実告知取消	消費者である買主が、事業者である売主から、希望する建物が建築できると説明されて購入したが、実際には土地の形状等の問題でその建物は建築できなかった。	◎※	◎※

※消費者契約法4条1項1号
（注）現行法では錯誤の効果が「無効」となっていますが、新民法では「取消し」となっています。

---

key word

意思表示

　意思表示とは、契約の申込みや承諾のように、社会通念上一定の法律効果の発生を意図しているとみられる意思を表示する行為をいいます。これは、一定の法律効果を欲する意思（効果意思）と、この意思を外部に表示する行為（表示行為）とに分けられます。

Q4 錯誤

 Step Up!

1 現行法の規定

相手方の行為により、表意者に「動機の錯誤」(表意者が法律行為の基礎とした事情について、その認識が真実に反するもの) が生じた場合、その錯誤(誤認)により締結した契約を取り消すことができる旨の規定(「相手惹起型錯誤」といいます)は、現行法にはありません。ちなみに、動機の錯誤一般の規定についても現行法にはありません。

ただ、消費者契約法においては、事業者が重要事項につき事実と異なることを告げ、消費者が誤認して契約した場合(不実告知)に、これを取り消すことができる旨の規定があります。

2 問題の所在

現行法の下では、動機の錯誤により無効が認められるには、「動機が表示されていること」、「動機が法律行為の内容となっていること」等の要件が必要とされますが、相手方が事実と異なる表示(不実表示)などをしたために表意者が動機の錯誤に陥った場合(相手惹起型錯誤)には、その要件を満たさなくても錯誤無効を認めるという理解がありました。

どのような場合に表意者の錯誤に基づいて意思表示を取り消すことができるかということは、意思決定の基礎となった情報に誤りがある場合に、その誤りのリスクをどう分配するのが妥当かという問題です。まず、動機が表示されず、または法律行為の内容となってないとしても、相手方が事実と異なる表示をした場合、表意者はそれを信じて誤認をする危険性が高いことから、表意者を、誤った情報をもとになされた意思表示から解放する必要性があります。また、相手方は自ら誤った事実を表示して表意者の錯誤を引き起こした以上、その意思表示の取消しという結果を受忍するのもやむを得ないと考えられます。このように、意思決定の基礎となる情報の誤りのリスクを相手方に転嫁することができるという考え方(相手惹起型錯誤)が法制審議会で提案され、この相手惹起型錯誤による錯誤取消しを明文化することの是非や

その具体的要件が議論されました。

3 審議の経過と新民法の内容

「動機の錯誤」一般の要件については、「その事情が法律行為の基礎とされていることが表示されていたとき」として明文化されました。たとえば、「建物の設計図を見せて、その敷地として購入したい旨を売主に伝えたうえで購入したが、実際には土地の形状等の問題でその建物は建築できなかった」場合には、動機の錯誤として取消しができることになります。

一方、相手惹起型錯誤については、最後まで検討がなされましたが、明文化が見送られました。多くの委員が賛成していたにもかかわらず明文化が断念された最大の理由は、明文化に賛否両論があり、意見の一致に至らなかったことです。たとえば、明文化賛成の立場からは、裁判例の中には相手方の行為によって錯誤が生じたことを考慮して錯誤の無効を判断したものがあるとの指摘があった一方で、反対の立場からは、錯誤取消しの範囲が広がりすぎるとの意見がありました。

■残された課題■

　動機の錯誤が相手方の行為によって生じた場合には、表意者の錯誤の原因を作ったという明確な落ち度が相手方にあります。そのため、その動機たる事情が法律行為の基礎とされていることの表示がない場合でも、その錯誤によって表意者が意思表示をした以上、契約の拘束力からの解放を認めることは、相手方との関係でやむを得ません。また、相手方の行為がなければ錯誤に陥らず意思表示もしなかったのであり、相手方による錯誤の惹起がない場合に比べ表意者の帰責性が小さいと考えられます。そう考えると、表意者の意思により契約の拘束力からの解放を認めるべきでしょう。国会での再検討が望まれます。

（上田　純）

Q5 第三者による詐欺など 新設

① 契約の相手方以外の人からだまされた人は、どのような場合に意思表示を取り消すことができますか。
② そのだました人が、相手方の代理人や媒介受託者(不動産仲介業者など)だった場合はどうですか。

Answer

① 新民法では、契約の相手以外の人(第三者)によってだまされた(詐欺にあった)場合について、現行法96条2項の「相手方が知っていたとき」に加え、「相手方が知ることができたとき」も取り消すことができるとしています。
② 代理人、媒介受託者、その他相手方が責任を負うべき者が詐欺をした場合のルールについて明文化することは見送られました。

―― key word ――

当事者
　民法上の当事者とは、ある法律関係や事柄について直接関与する者のことをいい、法律行為を行った者または債権者や債務者を意味します。

第三者
　民法上の第三者とは、通常、一定の法律関係につき当事者以外の者を意味します。

〈買主・売主・第三者の契約関係図（買主が詐欺された場合）〉

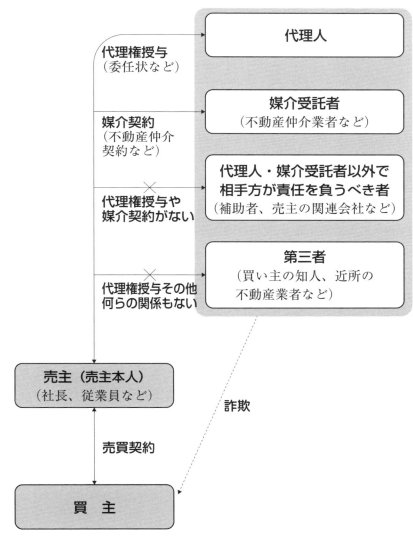

Q5 第三者による詐欺など

> **Step Up!**

1 現行法の規定

(1) 第三者の詐欺

現行法96条2項では、第三者による詐欺について、第三者が詐欺を行っていたことを意思表示（契約）の相手方が知っていたときに限り、当該意思表示（契約）を取り消すことができるとされています。裁判例では、①条文どおり「悪意」に限定する立場、②「悪意」または「重過失」とする立場、③「悪意」または「過失」とする立場等があり、②が主流でした。

(2) 代理人の詐欺

相手方の代理人による詐欺については、解釈上、相手方本人が知らない場合においても、取り消すことができるとされています（判例は民法101条1項を、学説は同法96条1項を根拠としています）。

(3) 媒介受託者の詐欺

媒介受託者等による詐欺の規定は、現行法にありません。もっとも、消費者契約については、媒介受託者に不実告知等の行為があれば、相手方（委託者）本人の主観にかかわらず、取消しができる旨の規定があります（消費者契約法5条1項）。

2 問題の所在

(1) 第三者の詐欺

第三者の詐欺につき、その事実を知らない（善意の）相手方に対しては取消しを主張できないとされているのは、当該意思表示が有効であるという相手方の信頼を保護するためであることから、その信頼が保護に値すること、すなわち相手方が無過失であることが必要であると指摘されていました。

(2) 代理人の詐欺・媒介受託者の詐欺

相手方の代理人による詐欺については、判例・学説上、相手方本人の主観を問わず取り消すことができるとの結論に争いがないため、また、相手方の媒介受託者や補助者的地位にある者等による詐欺については、代理人と同様

に相手方が契約締結にあたり使用した者であるから、相手方本人が詐欺を知らなかった場合でも、取消しを可能とすることが公平であると指摘されていました。

3 審議の経過および新民法の内容

(1) 第三者の詐欺

第三者の詐欺について、相手方が知ることができたときも取消しを可能とすることには、特段の異論はなく、現行民法の相手方が「知っていたとき」に加え、新民法96条2項では、「知ることができたとき」も取消しができると明記されました。

(2) 代理人・媒介受託者・その他相手方が責任を負うべき者の詐欺

代理人、媒介受託者、その他相手方が責任を負うべき者による詐欺について、中間試案では、①相手方から契約の締結について媒介をすることの委託を受けた者(媒介受託者)または相手方の代理人が詐欺を行ったときも、その意思表示(契約)を取り消すことができるとするとの提案や、②(媒介受託者および代理人のほか)その行為について相手方が責任を負うべき者が詐欺を行ったときも、これらの者による詐欺を本人の詐欺と同視して、その意思表示(契約)を取り消すことができるとの考え方も示されていました。

ところが、その後、Ⓐ媒介受託者および代理人のみを規定すると、それ以外の者が詐欺を行った場合には、取り消すことができないという限定解釈がなされるおそれがある、Ⓑ「その行為について相手方が責任を負うべき者」という表現では範囲が不明確であるなどの意見が出され、このような状況下では、むしろ民法96条1項および同条2項の解釈適用に委ねたほうが妥当な解決を導く余地を残すことになるとして、新民法においては、本人の詐欺と同視して相手方の主観的事情を問わず取消しを認めるべき場合については規定を設けず、解釈に委ねるとされました。

■残された課題■

媒介受託者や代理人や補助者的地位にある者等、相手方がその行為に

ついて責任を負うべき者による詐欺行為については、本人の詐欺と同視すべきであり、国民一般にわかりやすい民法にするという改正の趣旨からも、その旨を明文化すべきです。

そして、前記Ⓐの限定解釈の懸念や、前記Ⓑの範囲が不明確等の問題を克服するため、「媒介受託者、代理人その他その行為について相手方が責任を負うべき者」と規定すべきです。この表現であれば、前半の「媒介受託者、代理人」が例示列挙であることが明らかとなり、前記Ⓐの限定解釈の懸念は払拭されますし、また、その例示列挙が明記されることにより後半の「その行為について責任を負うべき者」の解釈に方向性が与えられ、その範囲が不当に拡大することはなく、前記Ⓑの懸念も相当程度払拭されると考えられます。

仮に、「その行為について相手方が責任を負うべき者」の明文化が困難であるとしても、少なくとも、消費者契約法5条でも明文で認められている媒介受託者と代理人については、前記Ⓐの懸念を踏まえて、例示列挙であることを明示したうえで、民法においても明文化すべきと考えられます。

(上田　純)

〈改正のポイント〉

	現行法	新民法	新民法への意見
第三者による詐欺取消し（民法96条2項）が認められるための相手方の主観的要件	知っていたとき（解釈上争いあり）	知っていたとき、または、知ることができたとき	妥当
媒介受託者による詐欺取消し（※）	規定なし【消費者契約法5条1項に規定あり】	明文化せず（解釈に委ねる）	明文化すべき【消費者契約法の取消可能期間は短い（同法7条）】
代理人による詐欺取消し	民法96条に規定なし（判例は民法101条1項を、学説は96条1項を根拠とする）【消費者契約法5条2項に規定あり】	明文化せず（解釈に委ねる。民法101条1項または96条1項）	民法96条で明文化すべき
相手方が責任を負うべき者	規定なし	明文化せず（解釈に委ねる）	明文化すべき

※「媒介」とは、他人間で契約等の法律行為が成立するように、第三者が両者の間に立って尽力することをいいます。法制審議会で検討された「媒介受託者」とは、契約締結の「媒介」の委託を受けた者（たとえば、不動産売買における不動産仲介業者等）をいいます。

Q6 無効と取消しの効果 〔新設〕

> 契約を取り消したり、無効であったとき、すでに支払っていた代金や引き渡していた商品の返還についてのルールはどうなりますか。

Answer

　新民法では、これまで明示されていなかった無効や取消しの法律効果が規定されています。

　第1に、無効や取消しの場合には原状回復すべきという原則（原状回復義務）が明示されています。

　第2に、原状回復義務の範囲を制限する例外の場面が追加して規定されています。現在は、単独では完全に有効な法律行為ができない未成年者等（制限行為能力者）による契約が取り消された場合の制限が定められていますが、これに加えて、①無効・取消しの対象となる法律行為が無償行為の場合の制限、②意思無能力による無効の場合の制限という2つの場面が追加されました。

　なお、国会審議において、詐欺・強迫の場面では被害者が原状回復義務を負わないことが明らかにされました。

〈無効や取消しの効果の明確化〉

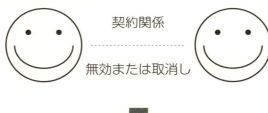

契約関係

無効または取消し

すでに支払っていた代金や引き渡していた商品の返還はどうなるのか？

今までは解釈して判断しなければならなかったが……

新民法では、無効・取消しの効果につき具体的に条文化！

Q6 無効と取消しの効果

> Step Up!

1 現行法の規定と問題の所在

取り消された法律行為は、初めからその法律行為がなかったもの（＝無効）となります（民法121条本文）。しかし、現行法では、契約に基づく履行がなされた後に無効や取消しとなった場合の法律効果を定めた規定はありません。ただ、制限行為能力を理由とする取消し後の法律効果として、制限行為能力者の返還義務の範囲が現存利益に限られるという規定（民法121条ただし書）が手がかりとなって、解釈がされてきました。そこで、民法に無効・取消しに関する法律効果を条文化することが議論されました。

2 新民法の内容

新民法では、無効・取消しとなった法律行為に基づいてすでに履行された給付がある場合、給付を受けた者は、相手方に対して原状回復義務を負うとの原則が規定されました。売買契約を例にとれば、契約を取り消した後、買主は受領していた商品を売主に返還する義務を負い、売主は受領していた商品の代金を買主に返還する義務を負うことになります。

この原則の例外が、制限行為能力者の返還義務が減縮される場面のほかに2つ設けられました（新民法121条の2）。1つは、意思無能力者について、返還義務の範囲を現存利益まで減縮する規定です。もう1つは、無償行為に基づいて給付を受けた者は、その無償行為が無効または取り消すことができるものであることを知らなかった場合、現存利益の限度で返還義務を負うにすぎないとする規定です。

3 審議の経過

新民法となる前段階の中間試案では、原状回復義務の具体的な内容として受領済みの給付物（果実を含む）を返還することが原則であるとされていました。給付物を紛失するなどして返還できない場合には、給付物の価格相当の金銭償還義務を負うことも示されていました。さらに、返還すべき範囲を現存利益に縮減することに関しては、意思無能力者や無償行為以外に、有償

契約においても制限を加えるという提案までなされていました。

　しかし、この提案には不十分な点がありました。たとえば消費者に対する「押し付けられた利益」の返還が問題となる場面（白アリがいないのにだまされて契約した害虫駆除サービス等）を念頭に置くと、消費者が何を返還する必要があるのか疑問が出てきます。中間試案のままでは、かえって被害救済を阻みかねないという問題がありました。

　その後の議論の結果、中間試案で提案された規定は設けられないこととなり、今後も解釈に委ねられることになりました。

4　国会審議の中で明らかになった内容

　解釈に委ねられた問題点の中で、消費者被害の救済に役立つ解釈のあり方が国会審議において明らかになりました。

　着眼点は、新民法に対応して施行される消費者契約法6条の2が新民法121条の2の特則を定めていることでした。消費者契約法6条の2は、同法4条による不実告知等を理由とする取消しがなされた場合、その効果として、消費者の原状回復義務の範囲が現存利益に減縮される場面を明らかにしています。これとの対比において、より悪質性の高い取消原因である詐欺・強迫取消しの場合の原状回復義務をどう考えるのかが衆議院法務委員会（平成28年12月6日）において取り上げられました。小川秀樹政府参考人は、詐欺・強迫取消しの場面について、被害者が受けた給付が不法原因給付（民法708条）に当たることから、取消し後の被害者に対する原状回復請求は認められないと明言しました。

　違法行為抑止の観点（クリーンハンドの原則）は、無効・取消しがなされた場合の清算過程でも貫かれるべきですから、この国会審議で明らかになった解釈は今後徹底されるべきでしょう。

　さらに、錯誤取消しや公序良俗違反による無効の法律効果としての原状回復義務の解釈においても、詐欺・強迫取消しと同様に被害者に対して原状回復請求ができないと解釈されるべきでしょう。　　　　　　　　　　（吉野　晶）

Q7 消滅時効(1)──時効期間 新設

① 債権の消滅時効期間はどのように変わるのですか。
② 交通事故などの人身損害による損害賠償請求権も、消滅時効期間が短くなるのですか。

Answer

① 債権の原則的消滅時効期間につき「債権者が権利を行使できることを知った時から5年」という規定が新たに定められるので、今までの消滅時効期間（10年）より短くなることがあります。この点は、消費者にとってマイナスになる可能性があります。

　このほか、現行法では職業別に短期消滅時効を定めていますが、この制度は廃止され、これまでよりも消滅時効期間が長くなります。この点も、消費者被害救済にとってマイナスになる可能性があります。

② 交通事故など生命・身体侵害の損害賠償請求権の消滅時効期間は、5年または20年となり、現行法における不法行為の損害賠償請求権の時効期間（3年）より長くなりました。この点は、消費者被害救済にとってプラスです。

〈新民法における消滅時効期間〉

原則的消滅時効期間（＊）	債権者が権利を行使できることを知った時から5年間行使しないとき
	権利を行使できる時から10年間行使しないとき

例外的消滅時効期間	定期金債権		10年または20年
	生命・身体侵害の損害賠償請求権	債務不履行に基づく場合	債権者が権利を行使できることを知った時から5年間行使しないとき
			権利を行使できる時から20年間行使しないとき
		不法行為に基づく場合	債権者が損害及び加害者を知った時から5年間行使しないとき
			不法行為の時から20年間行使しないとき

＊職業別短期消滅時効制度は廃止

〈廃止される職業別短期消滅時効の例〉

時効期間	職業など	例	条文
1年	料理店・飲食店	飲食料（たとえば、飲み屋のつけ）	現行法174条
	レンタカー業者	レンタル料・リース料（短期間の簡易なもの）	
	運輸会社	バス・タクシー・宅配・引越業者の運賃	
2年	生産者、小売商人	商品代金、電気料金等	現行法173条
	学習塾、学校	塾・習い事・学校の授業料や教材費	
	建具屋、理髪店、クリーニング店	建具屋、理髪店、クリーニング店（手工業的なもの）の料金	
3年	大工、建築会社、建築士	設計業者、施工業者、監理業者の報酬	現行法170条

Q7 消滅時効(1)——時効期間

Q7 消滅時効(1)——時効期間

Step Up!

1 現行法の規定

現行法では、債権が消滅する時効期間を原則10年（167条1項）としつつ、例外として、短期消滅時効制度を設け、ある債権がいかなる職種に関して発生したものであるかによって区分し、3年、2年または1年の時効期間を定めるなどしています（170条〜174条）。

また、現行法では、不法行為に基づく損害賠償請求権の消滅時効期間は、損害および加害者を知った時から3年となっており、不法行為時から20年を経過した場合は除斥期間（消滅時効と異なり中断（消滅時効期間がリセットされること）等がなく、20年の経過により以後一切請求できない）として、損害賠償請求権が消滅することとなっています（724条）。

2 問題の所在

このような現行法の規律のうち、短期消滅時効制度については、どの規定の適用があるのかが不明確であり、債権ごとに短期消滅時効の該当性を確認する必要がある点で煩雑である、また、商事債権（商行為から発生する債権）の消滅時効期間は5年である（商法522条）のに比べ、通常の債権の10年という時効期間は長すぎるという批判がありました。

不法行為に基づく損害賠償請求権については、特に人身傷害による損害賠償請求権の時効期間が短い、また、潜伏期間から損害が発生するまでの期間が長い場合（たとえば、じん肺被害などの公害事案）に、本人が損害に気づかないうちに損害賠償請求権が消滅するのは不当、との批判がありました。

3 新民法の内容

① 債権の消滅時効期間は、権利行使が可能な時から10年という規定に加え、債権者が権利行使可能であることを知った時から5年という規定も追加され、いずれか早く経過した時点で債権が時効消滅します（新民法166条1項）。

② 現行法の短期消滅時効制度（169条〜174条）を廃止する。

③ 生命・身体侵害の損害賠償請求権は、消滅時効期間が5年または20年となる（不法行為時から20年という規定は、除斥期間ではなく、消滅時効期間となった。新民法167条・166条1項2号・724条）。

4 審議の経過

中間試案では、事業者の消費者に対する債権の消滅時効期間を3年にするべき、という意見もありましたが、採用されませんでした。もっとも、新民法が衆議院および参議院で審議・可決された際、附帯決議の2項として職業別の短期消滅時効等を廃止するのに伴い、書面によらない契約により生じた債権に係る消滅時効について、新民法施行後の状況を勘案し、必要に応じ対応を検討するとの内容が盛り込まれました。書面によらない契約で、かつ、少額訴訟の場合、事業者側と比較して資料等の管理体制が万全ではない消費者側が資料を散逸等させることで後日紛争が生じた際に、消費者側に資料がないことで不利な立場に置かれることが懸念され、その点に配慮した附帯決議が盛り込まれたのです。

実際、事業者が消費者に対して、あえて書面を作成しないという対応もみられるため、一定の債権についてさらに改正する可能性を明示したことは評価できます。

■残された課題■

消滅時効期間につき、「その債権者が権利行使可能であることを知り得た」時を5年の消滅時効の起算点と判断したような裁判例があります。今後、たとえば「絶対に儲かります」等という勧誘を原因とする損害賠償請求には、当該勧誘時から権利行使可能であったという議論もあり得ます。この場合、「被害者が当該勧誘の違法性を意識できた時点が消滅時効の起算点だ」と反論する等の工夫が必要となります。

（井田雅貴）

Q8 消滅時効(2)——時効の猶予・更新 新設

新民法では、交渉中でも消滅時効は完成するのですか。また、交渉中に時効の進行を止めることはできますか。

Answer

止めることはできます。ただし、交渉中だということで時効を止めるためには、当事者間で書面による合意をすることが必要です。

また、交渉中であればいつまでも止められるというわけではなく、

① 合意があった時から1年を過ぎた時
② 合意において当事者が協議を行う期間（1年未満のものだけ）を決めたときは、その期間を過ぎた時
③ 一方が相手方に対して交渉を続けないという書面での連絡をしてから6カ月を過ぎた時

のうち、一番早い時までしか止まりません。

つまり、今回の新民法は消費者にとって不利なものではなく、むしろ行動指針が示されてわかりやすくなったといえます。

〈新民法における時効の猶予・更新〉

	時効の猶予	時効の更新
意味	猶予事由がある間は、消滅時効が完成しない。	消滅時効期間はリセットされ、あらためて初めから進行する。
該当事由	・裁判上の請求 ・強制執行、仮差押え ・催告（ただし、6カ月のみ） ・天災などがあった場合 ・協議によるとの合意があった場合	・確定判決または確定判決と同一の効力を有するものによって権利が確定した場合 ・強制執行、担保権の実行などが終了した場合 ・債務者が債権の存在を認めたとき（承認）

- key word -
要件・効果

　法律用語としての要件とは、法律要件を意味します。法律要件とは、一定の法律効果を生じるために法律が要求する事実のことをいいます。たとえば、契約が成立するための法律要件としては、「申込み」と「承諾」がなされること、となります。
　法律用語としての効果とは、法律効果を意味します。法律効果とは、具体的な事実が法律要件を充足することによって生じる、法規範が定める法的な効果をいいます。たとえば、売買契約の成立の法律要件が整えば、契約関係が成立し、これによって契約当事者（買主と売主）は、成立した契約に従った履行義務の負担（買主は代金を支払う、売主は商品を引き渡す）という法律効果が生じます。

Q8 消滅時効(2)——時効の猶予・更新

Step Up!

1 現行法の規定

現行法では、債権が消滅する時効期間内に一定の事態が生じた場合、時効の完成が妨げられるという効力（153条）と、それまでに進行した時効が全く効力を失い、新たな時効が進行を始めるという効力（157条）を、いずれも「中断」という言葉で表現しています。

2 問題の所在

上に掲げた2つの「中断」は、法律的には違う概念であるため、違う言葉で規定したほうが理解しやすいといえます。

また、現行法では、手続の申立てなどにより時効が中断すると規定しつつ、一定の事由により手続が途中で終了した場合には、さかのぼって、時効中断の効力は生じないとされています（149条～152条・154条）。しかし判例は、裁判上の請求や破産手続参加に「裁判上の催告」としての効力を認め、手続の終了時から6カ月以内に民法153条所定の手続（裁判上の請求、支払督促の申立て、和解の申立て、民事調停法もしくは家事事件手続法による調停の申立て等）をとれば時効が中断するとしています（破産申立てを取り下げた場合について、最高裁昭和45年9月10日判決・民集24巻10号1389頁）。もっとも、この判例が示した「裁判上の催告」という概念は民法にないため、誰が見てもわかるように規定する必要がありました。

3 新民法の内容

そこで新民法151条では、次のような内容になりました。

① 中断を、その効力に応じて「時効の猶予」と「時効の更新」に区別することにしました。現行法によれば、訴えの提起などによっても、時効の中断は不確定的に生じるにすぎず、その後にどう対応すべきかが不明確であることから、現行の制度を改め、それまでの時効期間の経過が確定的に解消され、新たな時効期間が開始する、ということを明記したほうが理解しやすいといえます。

② 判例上認められている「裁判上の催告」という概念を民法に明記することとしました。時効の猶予事由に盛り込まれています。
③ 時効の猶予事由として「協議を行う旨の合意による事項の完成猶予」が加えられました。この点、実務上、時効の中断のためだけの訴訟提起を回避することの要望が出されたことに呼応したものであり、紛争当事者双方にとってメリットがあります。

なお、新民法が参議院で審議・可決された際、附帯決議の10項として「消滅時効制度の見直し……など、今回の改正が、……早期に浸透するよう、積極的かつ細やかな広報活動を行い、その周知徹底に努めること」という内容が盛り込まれました。これまで長年にわたり使用され、その意味が定着していた「中断」という概念を廃し、あるいは、交渉中における消滅時効の完成猶予という新たな概念を導入したことを踏まえると、取引における混乱を避けるため、積極的かつ細やかな広報活動などにより改正内容の周知徹底を行うことは当然といえます。

（井田雅貴）

Q9 法定利率と中間利息控除 新設

① 業者に損害賠償請求をしますが、遅延損害金の利率はどうなりますか。
② 交通事故で会社員の夫が死亡しました。損害賠償請求をするのですが、将来得ることができたはずの収入についての中間利息はどのように計算されますか。

Answer

① 新民法では、遅延損害金の利率は、年率3％となっています。この利率は、3年ごとに見直しがされることになります。

② 将来得ることができたはずの収入などの逸失利益を計算する際には中間利息が控除されます。この中間利息控除についても、年率3％で計算することとなっています。この結果、現在の実務よりも賠償額が増えることになります。

〈変動制による法定利率〉

	民事	商事
現行法の規定	年5％ ↓	年6％ ↓
新民法	年3％ ↓	年3％ ↓
	以後、3年ごとに見直しの可能性あり	

※銀行の短期貸付けの平均利率が1％以上増減した場合には、法定利率も1％増減させる。

Q9 法定利率と中間利息控除

---

key word

事業者

事業者とは、法人その他の団体および事業としてまたは事業のために経済活動を行っている個人をいいます。

帰責性

帰責性とは、現行法415条の「債務者の責めに帰すべき事由」を解釈して、「債務者の故意・過失または信義則上これと同視される事由」とされた概念のことです。そして、一定の責任を負担させるにあたっては、この帰責性を要求することが、民法の過失責任主義を基礎づけるものであるとされています。

Q9 法定利率と中間利息控除

> Step Up!

1 法定利率の引下げと変動制の導入

(1) 現行法の規定

現行法は、法定利率を年5％と定めています（404条）。商人間の取引等については、商法が法定利率を年6％と定めています（商法514条）。この法定利率の定めは、法律の定めよりも、契約当事者間の合意が優先されます。そのため、銀行預金や住宅ローンの利息は年5％よりも低く定められていますし、消費者ローンの利息は年5％よりも高く定められています。

損害賠償の利率についても、現行法は法定利率によるとしています（419条1項）。そして、この損害賠償の利率についても、当事者の合意が優先されます。通常、業者の契約書には、消費者が延滞をした場合などの遅延損害金の利率が定められています。他方、業者が損害賠償責任を負う場合の利率は定められていない場合が多く、この場合は年5％の法定利率となります。

(2) 問題の所在

この年5％という法定利率は、現実社会の実勢金利（銀行が貸出しをする際の平均金利など）と大きく離れており、実態に合わないことは明らかでした。そこで、この法定利率を引き下げる方向で検討がなされてきました。

もっとも、経済情勢の変化に伴い実勢金利は変動することから、法定利率を固定すると実勢金利との乖離を生じることは避けられません。そこで、法定利率については、現行の固定制から、実勢金利に合わせて定期的に見直しをする変動制とすることが検討されてきました。

(3) 新民法の内容

新民法では、法定利率を年3％に引き下げています。あわせて、商行為の法定利率年6％の定めも削除し、民事・商事ともに年3％に引き下げて統一することとされています。

それとともに、今後の実勢金利と法定利率に差ができすぎないように、3年ごとに、銀行の短期貸付け（貸出期間が1年未満であるもの）の過去5年間

の平均利率の変動を基準に1％以上の増減があった場合に、法定利率も1％刻みで増減するという変動制が導入されることとなりました。

(4) 附帯決議

国会審議では、新民法404条3項に基づき法定利率の変動が生じた場合であっても、変動後の新しい利率は法文に示されない一方で、同条2項においては当初の法定利率である年3％が引き続き残存することについて、わかりづらいという指摘がなされました。そこで、参議院附帯決議では変動後の法定利率の周知方法について検討することが求められています。

2 中間利息控除

(1) 現行法の規定

死亡や後遺障害などにより、将来得ることができたはずの収入（就労可能年齢までの平均賃金など）が得られなくなることによる損害を「逸失利益」といいます。

損害賠償では、この将来にわたる逸失利益を、現時点において一括で支払うことを求めます。この場合、将来において取得すべき時までの利息相当額を控除して、現時点における損害額に割り戻すことが必要になります（本Q末尾参照）。このことを「中間利息控除」といいます。

現行法には、この中間利息控除の際に用いられる利率についての規定はありません。

(2) 問題の所在

中間利息を算出する際に用いられる利率について、実務上は、民事法定利率である年5％が用いられてきました。昨今の低金利の時代に、死亡事故などにおいて年5％の運用ができることを前提に中間利息控除を行うことは「命の値段」を軽視するものであるとの批判も根強いところですが、最高裁平成17年6月14日判決（民集59巻5号983頁）は、中間利息控除においては民事法定利率年5％によると判示しました。

(3) 新民法の内容

新民法では、改正当初の法定利率を当初は年3％とすることを前提に、中

間利息の計算についても法定利率を用いることとされています。つまり、改正当初は年率3％とされ、その後も法定利率とともに変動することになります。これまで、実勢と乖離して、結果としては逸失利益の賠償額を大きく減額する要因となっていた中間利息の割合が2％引き下げられることにより、死亡事故等における損害賠償額が増額されます。逸失利益が従来よりも実勢に近い形で算出されることとなり、被害者・遺族の被害救済につながることから、新民法には賛成できるところです。自動車保険など損害保険の保険料に影響する可能性も指摘されていますが、実際に被害者・遺族に発生した損害賠償額が正当に算定されることが優先されるべきではないかと考えます。

(4) 附帯決議

なお、国会審議においても、中間利息控除率に用いる利率が3％というのは、なお高すぎるのではないか、超低金利の現状で利率が引き上げられる方向で変動することはないのではないか等の指摘がなされました。そこで両院の附帯決議では、中間利息控除に用いる利率のあり方について、必要に応じて対応を検討することが求められています。

■ 残された課題 ■

業者は、多くの場合、契約書で、高い約定利率や遅延損害金率を定めていますので、法定利率が適用される場面は、消費者が業者に損害賠償をする場合などに限られます。業者は消費者に高い約定利息や違約金を請求している一方で、消費者は業者に対して法定利率による損害賠償しかできないことは不均衡かもしれません。今後は、業者の利息や違約金の約定も実勢金利に合わせるように、消費者契約法（年14.6％）や利息制限法（年15〜20％）などの制限利率をさらに引き下げることが望まれます。

（辰巳裕規）

〈中間利息控除率と逸失利益の額の増減〉

【モデル例】
▶27歳男性
　（全年齢平均賃金：月額41万5400円／就労可能〔能力喪失〕年数40年）
▶一家の支柱・被扶養者2人（生活費控除割合35％）

中間利息の割合	逸失利益額	5％（現行）との比較
5％（現行）	5559万7219円	
利率が7％となった時期の被害者	4319万7280円	▲22.3％ （1239万円）
利率が3％となった時期の被害者	7489万5374円	＋34.7％ （＋1930万円）

利率が3％の場合と7％の場合では、逸失利益額の差は、3000万円超（1.7倍強の差）となる。

利率の違いだけで逸失利益額に大きな格差！

※上記モデル例は一般社団法人日本損害保険協会「損害賠償額算定における中間利息控除について」（法制審議会民法（債権関係）部会第90回会議（平成26年6月10日）提出資料）をもとに作成。

Q10 債務不履行による損害賠償責任 〔見送り〕

> 債務不履行による損害賠償責任の規定はどう変わるのですか。

Answer

新民法では、表現は若干変わっていますが、規律内容には、基本的に変更はありません。

債務不履行による損害賠償請求の要件は、次の表の①②③のように、まとめられます。

要件①	債務不履行の事実があること ⓐ履行遅滞 ⓑ履行不能 ⓒ不完全履行
要件②	**債務者に「責めに帰すべき事由」があること**
要件③	債務不履行と因果関係のある損害が発生していること

Q10 債務不履行による損害賠償責任

　要件①の債務不履行の事実は、通常、ⓐ履行遅滞（期限を遅れること）、ⓑ履行不能（約束を果たすことが不可能になってしまうこと）、ⓒ不完全履行（約束どおりでない履行）に分けて考えます。現行法は、これを、「債務者がその債務の本旨に従った履行をしないとき」や「債務者の責めに帰すべき事由によって履行をすることができなくなったとき」は、「債権者は、これによって生じた損害の賠償を請求することができる」（現行法415条）と表現しています。

　新民法（415条1項ただし書）では、要件②が、免責される範囲として裏から規定されて、「その債務の不履行が契約その他の債務の発生原因及び取引上の社会通念に照らして債務者の責めに帰することができない事由」とされています。これは、現行法下での立証責任の分配を表現するためです。

　改正議論の過程では、「契約の趣旨」という言葉で、免責の範囲を画すという考え方もありましたが、上記のとおり、「債務者の責めに帰することができない事由」に落ち着きました。

　要件③の債務不履行の事実と損害の因果関係は、条文上、「これによって生じた損害の」と表現され、変更はありません。

Q10 債務不履行による損害賠償責任

Step Up!

1 現行法の規定

現行法415条は、契約の相手方が約束違反（債務不履行）をした場合に、それによって被った損害の賠償を請求できるとしています。約束違反に伴って負う責任を、債務不履行責任といいます。

2 問題の所在

基本方針で改正の提案がなされたのは、多分に理論的な観点からだったと思われます。なぜ債務不履行責任を負うのかといった根拠論について、伝統的学説や実務は、過失責任主義（故意・過失がない場合には責任を負わないとする考え方。故意とは行為をする意思、過失とは行為を招いた不注意）をとっています。これに対し、学説の中には、契約の効力として責任を負うと考える見解があり、条文上、契約に基づいて責任を負うことを明らかにすべきでないかと問題提起されていました。

3 新民法の内容

新民法（415条1項）では、「債務者がその債務の本旨に従った履行をしないとき又は債務の履行が不能であるときは、債権者は、これによって生じた損害の賠償を請求することができる。ただし、その債務の不履行が契約その他の債務の発生原因及び取引上の社会通念に照らして債務者の責めに帰することができない事由によるものであるときは、この限りでない」という条文に落ち着き、契約の効力によって責任を負うと考える学説を否定しないものの、伝統的な学説や実務に大きく配慮した内容になりました。

4 審議の経過

契約に債務不履行責任の根拠を求める考え方については、①消費者は合理的な行動ばかりするわけではなく、時に不合理な内容でも契約させられてしまうから、不当な結果が生じうる、②帰責根拠を契約の拘束力に求める考え方が提示している「契約により引き受けていない事由」（債務不履行責任の根拠が、契約上いずれの当事者のリスクとして分配されていたと評価すべきかとい

う観点から、明示または黙示によって合意した契約の範囲ないし内容の合理的意思解釈によって責任を引き受けていたとは評価されない事由）という規定の仕方では、契約書にどう書かれているかが重視されるおそれがあり、契約書作成能力に劣る中小企業や消費者が重い責任を負わされる懸念がありました。

　他方、「債務者の責めに帰すべき事由」という言葉を使う伝統的学説や実務の考え方は、一般の人でもどちらが悪いのか見当がつけやすく、自主的な紛争解決機能がある、というメリットがあるといえます。そのため、中間論点整理では、文言の変更が取引実務や裁判実務に与える影響、民法における法定債権の規定に与える影響、その他の法令の規定に与える影響等に留意しながら、契約の拘束力に債務不履行責任の根拠を求める学説の妥当性、免責の処理、条文案の検討を、他の文言に置き換える必要があるか否か、という観点から、検討すべき方針が掲げられました。

　中間試案でも、検討課題は引き継がれ、上記3の内容に落ち着きました。

■残された課題■

　「当該契約の趣旨に照らして債務者の責めに帰することができない事由」という文言では、「契約の趣旨」という言葉が一人歩きする懸念があり、書類を作成する側は、「契約の趣旨」を条項に盛り込もうとするでしょうから、結局は、書くか書かないかで左右され、契約書作成に強い者が有利となり、消費者や中小事業者にとってはゆきすぎた内容であっても責任を負わされかねないことが懸念されました。国会審議において、政府参考人は、学説上の争いには踏み込まず、従来の通説的見解からは、過失責任主義の表れとされる債務者の帰責事由を維持し、現在の裁判実務における考慮要素を明確化したものであると発言しています。

（牧野一樹）

Q11 複数契約の解除 見送り

関連する複数の契約の解除に関する規定は設けられますか。

Answer

　関連する複数の契約が締結された場合、そのうちの１つの契約に契約上の義務違反（＝債務不履行）があったときに、他の契約をも解消すること（＝解除）を認める規定を設けることが検討されました。

　これは、たとえば、右の図のような事案において、スポーツクラブが利用できない場合に、リゾートマンションの売買契約を解除できるかどうかという問題です。

　新民法では、複数契約の解除を認める要件が不明確であるなどの反対意見を踏まえ、このような規定を明文化することは見送られました。そのため、今後も判例に基づく解釈に委ねられることになります。

〈複数契約の解除の具体例〉

---

key word

【実体法】

　実体法とは、法律関係それ自体の内容を定める法のことです。民法や商法、会社法が、実体法の典型的な法律です。

Q11 複数契約の解除

> Step Up!

1 現行法の規定

現行法では、当事者間で複数の契約が締結された場合に、1つの契約に解除事由が生じたとき（たとえば、期限までに契約上の義務が履行されない履行遅滞があった場合など）、他の契約まで解消すること（解除）ができるかどうかは、明文で定められていません。

2 問題の所在

現代社会では、1つの取引を行うにあたり、同一当事者間で複数の契約を締結する場合や、複数の当事者が関与して複数の契約を締結する場合が少なくありません。たとえば、屋内プールを含むスポーツ施設の利用を主な目的としてリゾートマンションを購入する取引において、マンション区分所有権の売買契約とスポーツクラブの会員契約がセットとして締結されるケース（最高裁平成8年11月12日判決・判タ925号171頁の事例）、教材売買と学習指導がセットとなるケースなどさまざまです。この場合に、一方の契約を存続させることが難しく、契約を解除した場合に、それを原因にして他方の契約も解除できるかということが、ここでの問題です。

この点、上記判例は「同一当事者間の債権債務関係がその形式は甲契約及び乙契約といった2個以上の契約から成る場合であっても、それらの目的とするところが相互に密接に関連付けられていて、社会通念上、甲契約又は乙契約のいずれかが履行されるだけでは契約を締結した目的が全体としては達成されないと認められる場合には、甲契約上の債務の不履行を理由に、その債権者が法定解除権の行使として甲契約と併せて乙契約をも解除することができるものと解するのが相当である」として、一定の要件のもと、同一当事者間における複数の契約の解除を認めました。

こうした判例理論を前提に、民法においても、複数契約の解除に関する規律を明文化すべきではないかということが問題となりました。

3 新民法の内容

新民法では、複数契約の解除に関する明文の規定を置くことは見送られ、今後も解釈に委ねられることになりました。

4 審議の経過

中間試案では、前記判例理論を明文化することが提案されました。

しかし、不明確な要件のもとで関連契約全部の解除が認められるのは妥当ではないという反対意見や、判例理論を条文として一般化することには疑問があるなどの反対論が出たため、明文化は見送られました。

■ 残された課題 ■

　現代社会においては、契約目的を達成するために当事者間で複数の契約が締結される場面は数多く存在し、かつ、紛争化しているのですから、複数契約の場面で債務不履行があった場合の規律を明確化しておく要請は強いといえます。

　要件については、前記判例が判示する契約内容の密接性や契約目的が全体として達成できないときという内容で十分に明確なものであり、前記判例理論の明文化を見送る理由はないのではないかと考えられます。

　また、複数契約の解除が認められる場合を「同一の当事者間」に限るのではなく、複数の当事者間で複数の契約が締結された場合に拡大すべきでしょう。なぜなら、複数の契約関係についての規律を同一当事者間に限定すると、形式的に複数の当事者間の契約にすることで規律の回避が可能となり、規定の潜脱を図る事業者が生まれかねない危険があるからです。さらに、解除だけでなく、契約の無効・取消しの場合にも同様の扱いとするべきでしょう。

（石井研也、吉野　晶）

Q12 保証⑴──個人保証の制限 新設

> 私は事業をしています。銀行から融資を受けたいと思いますが、親戚を保証人とすることはできるのでしょうか。

Answer

今回の民法改正では、個人が保証人となること自体の禁止は見送られましたが、①保証人が個人であって、②「事業のために負担した貸金等債務」を主たる債務とする保証契約(または、主たる債務の範囲に「事業のために負担する貸金等債務」が含まれる根保証契約)については、③契約締結の前1カ月以内に作成された公正証書で、保証人になろうとする者が「保証債務を履行する意思」を表示していなければ、その効力を生じないものとされました(新民法465条の6〜9)。

そのため、親戚の方が保証人となるには、保証契約の前に、このような公正証書(保証意思宣明公正証書)を作成することが必要です。

もっとも、親戚の方が、あなたが経営する会社の取締役、過半数を有する株主、共同事業者であるなどの場合には、保証意思宣明公正証書の作成は不要です。

〈個人保証の制限〉

以下の1～3に該当し、4の要件を欠く場合には、保証契約は無効となります。

1	主たる債務者の属性	事業者
2	主たる債務の内容	① 事業のために負担した貸金等債務 ② 主たる債務の範囲に「事業のために負担する貸金等債務」が含まれる根保証契約 ※これらの求償権を保証する場合も含まれる。
3	保証人の属性	個人（以下を除く） (1) 主たる債務者が法人その他の団体である場合 　① 理事 　② 取締役 　③ 執行役 　④ これらに準ずる者 (2) 主たる債務者が法人である場合 　① 総社員の議決権の過半数を有する者 　② 総株主の議決権の過半数を有する者 (3) 主たる債務者が個人である場合 　① 主たる債務者と共同して事業を行う者 　② 主たる債務者が行う事業に現に従事している主たる債務者の配偶者
4	手続要件	保証契約の締結に先立ち、その締結の日前1カ月以内に作成された公正証書で、保証人になろうとする者が「保証債務を履行する意思」を表示する（※）。

※ⅰ保証人となろうとする者が、法定事項を公証人に口授する、ⅱ公証人が、その口授を筆記し、読み聞かせまたは閲覧させる、ⅲ保証人となろうとする者が、筆記の正確なことを承認し署名・押印する（署名できない場合の例外あり）、ⅳ公証人が、ⅰ～ⅲまでの方式に従って作られたものであることを付記して署名・押印するという方式が要求される。

Q12 保証(1)――個人保証の制限

▶ Step Up!

1 審議の経過

(1) 個人保証の制限に向けた動き

日本弁護士連合会は、平成24年1月20日付で「保証制度の抜本的改正を求める意見書」を採択し、一定の場合に個人保証を禁止する内容の提言をしていました。

これらの意見書の趣旨としては、個人の保証が、①経済的破綻の原因となっている、②自殺の原因となっている、③再チャレンジの阻害要因となっているという実情があり、他方で、平成23年7月には、金融庁の監督指針改正により第三者保証の原則禁止が一般の金融機関（主要銀行、中小地域金融機関）にまで拡張されたという現実があり、むしろ、これらの金融実務を法律上も根拠づけしていくべきということを指摘するものでした。

(2) その他の意見

他方、事業者団体などからは、個人保証の原則禁止を民法で規定することは、中小企業に多大な影響を及ぼすことが明らかであり、慎重に検討するべきであるなどの意見が出されていました。

2 新民法の内容

新民法では、①保証人が個人であって、②事業のために負担した貸金等債務を主たる債務とする保証契約または主たる債務の範囲に事業のために負担する貸金等債務が含まれる根保証契約については、③その契約の締結に先立ち、その締結の日前1カ月以内に作成された公正証書で保証人になろうとする者が保証債務を履行する意思を表示していなければ、その効力を生じないものとされました（465条の6）。

ただし、保証人が主たる債務者の理事、取締役、執行役またはこれらに準ずる者、主たる債務者の総社員または総株主の議決権の過半数を有する者、主たる債務者と共同して事業を行う者、主たる債務者が行う事業に現に従事している主たる債務者の配偶者については、上記①～③の規定は適用がない

ものとされました（新民法465条の9）。

3 規制される保証契約の範囲

賃貸用不動産の建築・購入資金の借入れ（アパートローンなど）は、「事業のために負担した貸金等債務」に該当して、規制されるという見解が有力です。

他方、新民法において、主たる債務者の配偶者まで規制の例外とするのは、封建的な発想であり、強い批判が残っているところです。この点、「事業に現に従事している主たる債務者の配偶者」とは、「個人事業主に準ずる者」と制限的に解釈すべきとする見解が有力です。

■残された課題■

金融機関と公証人が提携するなどして、公正証書が機械的・形式的に作成されるならば、個人保証の歯止めにはなりません。また、保証契約自体が、同一機会に執行認諾文言（裁判をしなくても強制執行ができることになる文書）のある公正証書により締結されることになれば、かつての商工ローン被害のように、給料や自宅を突然差し押さえられるなどの被害を招来する危惧があります。

そのため、今回の改正では、「保証契約における軽率性や情義性を排除することができるよう、公証人に対し、その趣旨の周知徹底を図る」との附帯決議がなされています。

その他、公証人法施行規則13条が、公証人の注意・説明義務を定めていることも留意されるべきでしょう。

この点、国会の質疑では、公証人は、保証人になろうとする者が自宅や給与の差押えのリスクを理解しているか、主たる債務者の財産や収支等についての情報提供を受けているかなどについても確認すべきとの説明がなされました（平成29年5月16日参議院法務委員会）。

（千綿俊一郎）

Q13 保証(2)──保証人に対する情報提供義務 新設

> 保証人を保護するための規制として、保証人に対する情報提供義務が定められたと聞きました。具体的には、どのような内容になっているのでしょうか。

Answer

　事業者向けの債務について、保証契約を締結する場合には、主たる債務者は、保証人に対して、自身の財務状況などを適切に情報提供しなければなりません。主たる債務者が、この義務を怠ったことについて、債権者が知り、または知ることができた場合には、保証人は、保証契約を取り消すことができます（新民法465条の10）。

　また、保証契約締結後に、保証人が債権者に対して、主たる債務者の履行状況などについて情報提供を求めることができます（新民法458条の2）。

　さらに、保証人の請求がなくても、主たる債務者が延滞をして、一括払いを求められるような状況となった場合には、債権者がそのことを保証人に情報提供しなければなりません（新民法458条の3）。

〈保証人に対する情報提供義務〉

保証契約「締結時」の情報提供義務	① 義務の主体：主たる債務者 ② 対象となる保証契約：事業のために負担する債務についての保証 ③ 提供する情報の内容： 　ⓐ 財産および収支の状況 　ⓑ 主たる債務以外に負担している債務の有無並びにその額および履行状況 　ⓒ 主たる債務の担保として他に提供し、または提供しようとするものがあるときは、その旨およびその内容 ④ 義務違反の効果：主たる債務者の義務違反を債権者が知り、または知ることができたときは、保証人は、保証契約を取り消すことができる。
保証契約「締結後」の情報提供義務	(1) 保証人の請求がある場合 　① 義務の主体：債権者 　② 対象：すべての保証契約における委託を受けた保証人（法人を含む） 　③ 義務の内容：遅滞なく、主たる債務の元本および主たる債務に関する利息、違約金、損害賠償その他その債務に従たるすべてのものについての不履行の有無並びにこれらの残額およびそのうち弁済期が到来しているものの額に関する情報を提供 　④ 義務違反の効果：債務不履行になる。
	(2) 主たる債務者が期限の利益を喪失した場合 　① 義務の主体：債権者 　② 対象：すべての保証契約における保証人（法人を除く） 　③ 義務の内容：知った時から2カ月以内にその旨を通知 　④ 義務違反の効果：通知までに生じた遅延損害金（期限の利益を喪失しなかったとしても生じていたものを除く）に係る保証債務の履行を請求できない。

Q13 保証(2)——保証人に対する情報提供義務

1 改正前の状況

主債務者が、不用意に「迷惑はかけないから」などと言って保証人となることを依頼して、その後、すぐに破綻して、保証人が思わぬ形で多額の請求を受けるという被害事例が散見されました。そのような場合に、保証契約が民法95条により無効とされた判例もありました（東京高裁平成17年8月10日判決・判時1907号42頁、東京高裁平成19年12月13日判決・判時1992号65頁、大阪地裁平成21年7月29日判決・判タ1323号192頁など）。

また、保証人が知らない間に、主たる債務者が長期間延滞して、多額の損害金が積みあがっている事例も散見されました。

このようなトラブルがあることに照らせば、民法においても保証人を保護するために、債権者や主たる債務者に情報提供義務を課すなど、一定の手立てが必要であると指摘されていました。

2 議論の経過と新民法の内容

(1) 日弁連の提案

日本弁護士連合会は、平成24年1月20日付で「保証制度の抜本的改正を求める意見書」を採択し、契約時や契約後の情報提供義務を定めることを提案しました。

そこでは、保証契約締結時の情報提供義務について、端的に債権者にこれを課すべきとしていました。なぜなら、主たる債務者にこれを課しても、その履行は期待し難いですし、債権者も、主たる債務者の信用状況を現実に知るか、容易に知りうる状況にあるから、説明義務を求めても酷に過ぎるとはいえないからです。

また、保証契約締結後の情報提供義務についても、期限の利益を失ったときに通知義務を負うのではなく、支払期限までに支払いがなければ速やかに通知義務を負うものとしていました。なぜなら、保証人としては、主たる債務者が履行を怠った場合に、債権者からの通知があれば、保証債務を履行し

て、期限の利益の喪失を免れることができるからです。

　(2)　法制審議会での議論

　保証人に対する情報提供義務を導入すること自体については異論がありませんでしたが、保証契約「締結時」の情報提供義務については、債権者が必ずしも主たる債務者に関する情報を広く把握しているわけではないことを根拠に、主たる債務者がその義務を負うことになりました（新民法465条の10）。

　また、保証契約「締結後」は、債権者に対して、保証人が請求した場合や主たる債務者が期限の利益を喪失した場合に、情報提供すべきことになりました（新民法458条の2・458条の3）。

　しかし、期限の利益を喪失させるに先立って、履行の機会を与えるような制度は見送られました。

■残された課題■

　主たる債務者が保証人に対して、自身の財務状況について、どの程度の説明をすべきなのか、債権者としては、このやりとりについて、どの程度把握しておくべきかが問題となります。

　この点、債権者が保証人から「正確な説明を受けました」という表明保証のような書面を取り付けることも検討されていますが、状況によっては、このような書面があるからといって債権者が無過失となるわけではないとも指摘されています（法制審議会第86回部会議事録23頁）。

（千綿俊一郎）

Q14 保証(3)——保証人の負担軽減 新設 見送り

新民法では、根保証契約（※）を規制するなど、保証人の責任が無限定なものとならないような手立てはなされているのでしょうか。また、過大な保証を禁止する規制の導入は見送られたのでしょうか。

※ 一定の範囲に属する不特定の債務を主たる債務として保証する契約のことをいい、賃貸借契約の保証もこれに含まれます。

Answer

　新民法は、貸金等根保証に限らず、個人が保証人となる根保証契約について、極度額の定めがない場合には無効とすることとしました（465条の2第2項）。

　また、個人が保証人となる根保証契約について、主債務者や保証人が死亡するなど、一定の事由が生じた場合には、元本が確定する（保証債務の元本額が確定し、それ以上、増額されない）こととしました（新民法465条の4第1項）。

　しかし、個人の保証人に対して、その支払能力に比して過大な保証をさせることを禁止する規定（いわゆる比例原則）や諸事情を考慮して保証人の責任を制限する規定の導入は、反対論もあり、見送られました。

〈根保証の規制〉

	個人根保証契約	個人貸金等根保証契約
極度額の定め	極度額を定めなければ、その効力を生じない（新民法465条の2第2項）。	
元本確定期日	定めなし。	5年を超える元本確定期間は無効（3年となる）（新民法465条の3）。
元本確定事由	以下の場合に元本確定（新民法465条の4第1項）。 ① 保証人について強制執行、担保権実行の申立て ② 保証人について破産開始決定 ③ 主債務者または保証人が死亡	左の場合に加え、以下の場合にも元本確定（新民法465条の4第2項）。 ① 主債務者について強制執行、担保権実行の申立て ② 主債務者について破産開始決定

Q14 保証(3)——保証人の負担軽減

Step Up!

1 改正前の状況

現行法では、平成16年改正により、貸金等に関する根保証契約に限って、極度額の定めのない契約を無効とする規定などが置かれていました（465条の2第2項）。

もっとも、極度額の定めのない「青天井」の根保証契約により、保証人が予測困難な過大な責任を負ってしまう危険性は、貸金等債務に限ったものではなく、平成16年改正による規律の適用範囲を拡大すべきではないかということが議論されました。

その他、情義に基づいて、断れずに保証人となった場合に、後に過大な保証債務の請求を受けるという被害を防ぐ手立てが必要ではないかということも議論されました。

2 議論の経過と新民法の内容

(1) 日弁連の提案

日本弁護士連合会は、平成24年1月20日付で「保証制度の抜本的改正を求める意見書」を採択しましたが、そこでは、貸金等根保証契約についての平成16年改正の規制（極度額、元本確定期日、元本確定事由についての定め）を、根保証契約全般に及ぼすべきであることを提案していました。そのほか、保証人保護のため、比例原則（過大な保証の禁止）の導入や保証人の責任制限規定なども提案していました。

(2) 法制審議会での議論

根保証規制については、規制対象を拡張すること自体には異論はみられませんでしたが、建物賃貸借の場面において、元本確定期日の規制を強化した場合に、家主については更新拒絶できないにもかかわらず、保証人だけ外れる事態となってしまうのは、家主に酷であるなどの指摘がありました。

そのため、極度額の定めがない場合には無効となるという規定については根保証契約全般に拡張され（新民法465条の2第2項）、主債務者や保証人が

死亡するなど、一定の事由が生じた場合には、元本が確定することとなりましたが（同法465条の4第1項）、元本確定期日の定めについては拡張されませんでした。

また、比例原則や責任制限規定については、裁判規範として使いづらいことなどの批判があり、今回の改正での新設は見送られました。

3 注意点

今後、貸金契約だけではなく、賃貸借や継続的売買取引、施設利用契約などにおいて、個人を保証人とする場合にも、極度額を定める必要があり、これを欠いた場合には、根保証契約は無効となります（利息・損害金を含む債務全部を対象として極度額を定めていなかった事案について、貸金等根保証契約の全部を無効とする下級審判例があり、参考となります。熊本地裁平成21年11月24日判決・判時2085号124頁）。

また、賃貸借契約において、賃借人あるいは保証人が死亡した場合には元本が確定することになりますので、その後に発生した債務は保証の対象から外れることになります。

■残された課題■

保証人の責任制限について規定を設ける必要性は極めて高く、その明文化を見送ることについては、強く反対する意見も残りました。

この点、法制審議会では、民法（債権関係）部会第80回会議における資料（山野目章夫幹事「個人保証における過大性のコントロールの方策」）や、同第89回会議における資料（日本弁護士連合会消費者問題対策委員会民法改正部会有志「部会資料78Bに関する提案」）にて、具体的な条文提案がなされているところであり、今後のさらなる検討が望まれます。

（千綿俊一郎）

Q15 債権譲渡と債務者の抗弁——異議をとどめない承諾の制度 廃止

　支払い済みの債権が譲渡されるという通知が届いたのですが、他の債権と間違え、「すべての抗弁を放棄します」との一文が入った文書に署名してしまいました。私は、譲受人からの支払請求に応じなければならないでしょうか。

Answer

　新民法では、異議をとどめない承諾の制度が廃止されました。

　この結果、現行法では、債務者が、単に承諾をしただけで、譲渡人に対する抗弁を譲受人に対抗できなくなる可能性がありましたが（抗弁の放棄）、異議をとどめない承諾の制度が廃止されたことで、抗弁の放棄は、一般の放棄の意思表示の規律に従うことになりました。

　したがって、設例の場合でも、錯誤の主張が可能となります。

〈債権譲渡関係図〉

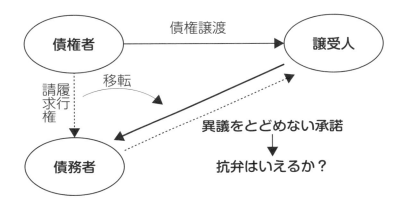

〈新民法の概要〉

現行法
異議をとどめない承諾によって、抗弁を失う（意思表示に関する規定の適用なし）。

債務者保護の観点から異議をとどめない承諾の制度は廃止

抗弁の放棄は、どのような方式によるか（書面性・特定性）

新民法
異議をとどめない承諾の制度は、廃止され、抗弁を放棄しない限り、譲受人にも対抗できる。また、抗弁の放棄は、意思表示に関する規定の適用を受けることになり、瑕疵のない意思表示に基づき抗弁を放棄しない限り、権利行使要件が具備されるまでに譲渡人に対して発生した抗弁を譲受人に対しても対抗できる。 ただし、**抗弁の放棄の方式には特段の制限が設けられなかった**。

Q15 債権譲渡と債務者の抗弁——異議をとどめない承諾の制度

▶ Step Up!

1 現行法の規定

現行法では、債権譲渡において、債務者が、異議を述べずに債権譲渡を承諾した場合、債務者は、譲渡人に対して有していた抗弁を譲受人に対して対抗できないとされています（468条1項前段）。

この異議をとどめない承諾の制度は、単なる債権譲渡に対する承諾にすぎないものでも、積極的に異議を留保すると述べない限り、債務者が譲渡人に対して有していた抗弁を譲受人に主張できなくなるというものでした。

2 問題の所在

しかし、債権譲渡という、債務者が直接には関与しない事実をきっかけに、債務者が単に債権譲渡の承諾を行っただけで、譲渡人に対して行使できたはずの抗弁を譲受人に対して行使できなくなるのは債務者保護に欠ける、という批判が従前から強くありました。

3 新民法の内容

そこで、新民法468条においては、債務者保護の観点から、異議をとどめない承諾の制度自体が廃止されることになりました。

この結果、単に債権譲渡の承諾をしただけでは、抗弁の放棄をしたことにはならないことになりました。また、仮に、抗弁の放棄をしてしまった場合でも、抗弁の放棄は、意思表示に当たり、意思表示に関する規定の適用がありますから、錯誤による取消しが認められる余地もあります。異議をとどめない承諾の制度の廃止は、消費者にとって、歓迎すべき内容です。

4 審議の経過

中間試案では、抗弁の放棄に際し、書面を要することになっていました。これは、抗弁の放棄は、債務者に不利益であり、債務者単独の意思表示で成立することから書面を求めるもので、債務者保護の観点からは、評価すべき内容でした。

もっとも、抗弁の放棄において書面性を要求しても、債務者が債権譲渡に

承諾を与える際、譲受人が用意した書面などに署名等がなされてしまうことからすると、異議をとどめない承諾の制度を廃止しても、譲受人が用意した抗弁放棄の書面に署名したことで抗弁の放棄が認められることから、書面を要求して債務者を保護しようとした目的が画餅に帰する懸念がありました。

結局、抗弁の放棄の意思表示に書面性を要するとする案は、放棄について、債権譲渡の場合にのみ書面要件を課するのは、他の放棄の場合と比してバランスを欠くなどとして採用が見送られました。

■ 残された課題 ■

異議をとどめない承諾の制度が廃止されたことは評価できます。

抗弁の放棄について、放棄する抗弁を特定する必要があるか（包括的な放棄が認められるか）については、新民法では中間試案と同様に条文で定めておらず、解釈に委ねられることになりました。

債務者保護の観点から、異議をとどめない承諾の制度を廃止した改正の趣旨を踏まえ、放棄の認定にあたっては、定型的な文書や不動文字の文書に署名した場合、放棄することに合理的な理由を欠くような場合には、放棄の意思の存在の認定を慎重に行うことが求められます。それとともに、放棄の意思を認定する場合であっても、表意者の重大な過失（新民法95条3項）を狭く解して錯誤取消しを認められやすくしたり、譲受人に過失がある場合は重大な過失があっても錯誤を認めるなどして、債務者保護のための解釈・運用が期待されます。なお、債権譲渡の改正に関連するその他の点としては、参議院の附帯決議において、譲渡禁止特約付債権の譲渡を認めることに関し、資金調達の拡充にはつながらないのではないかという懸念や、想定外の結果が生じうる可能性があることを踏まえ、さらに幅広い議論を行い、懸念等を解消するよう努めることとされました。

（鋤柄　司、黒木和彰）

Q16 債務の履行の相手方——準占有者への弁済 見送り

旅行中に、自宅に泥棒が入り、銀行通帳と銀行の届出印を盗まれ、何者かがその盗んだ通帳と印鑑を使って、銀行から預金を勝手に払い戻してしまいました。私の預金はどうなりますか。

Answer

銀行の払戻しは有効となる可能性があります。

新民法では、弁済を受領する権限があるような外観を有する者（準占有者）に対してされた弁済は、弁済をした人が「善意であり、かつ、過失がなかったとき」であれば効力を有するとされました（478条）。この「善意・無過失」という要件は現行法と同じです。

この点、判例やこれを踏まえた実務では、弁済者の単純な主観面だけでなく、その他の事情を含めた総合的な考慮が求められるようになっており、「善意・無過失」という要件をそのまま維持することには疑問がありましたが、改正は見送られました。ちなみに、中間試案では、このような場合は、「正当な理由がある場合に限り」、弁済の効力を有するとされていました。

〈受領する権限なき者への弁済が効力を有する場合〉

	弁済の相手方	要　件
現行法	債権の準占有者	弁済者が善意かつ無過失
新民法	取引上の社会通念に照らして受領権者と認められる外観を有する者	弁済者が善意かつ無過失
中間試案	受取権者としての外観を有する者	受取権者であると信じたことにつき正当な理由がある場合

※中間試案では、設問のような場合、銀行の弁済の効力について、銀行の主観的要素である「善意・無過失」だけではなく、「正当な理由」の有無を判断することが可能となります。

Q16 債務の履行の相手方——準占有者への弁済

― key word ―

一般条項

　一般条項とは、民法1条や民法90条のように、一般的で抽象的な要件と効果を定め、具体的な運用については、解釈に委ねるという条項のことです。この一般条項については、数多い適用事例を集約し、分析して、具体的な規範を探求することが必要となります。

履　行

　履行とは、債務の内容である給付を実現させる債務者等の行為をいいます。

Step Up!

1 現行法の規定

現行法478条では、「債権の準占有者に対してした弁済は、その弁済をした者が善意であり、かつ、過失がなかったときに限り、その効力を有する」とされています。

2 問題の所在

債権の「準占有者」とは、実際には受領権限を有しないにもかかわらず、取引通念上、受領権限を有するかのような外観を備える者のことをいうとされています。しかし、それでは具体的にどのような者がこれに該当するのか、用語自体がわかりにくいとの批判がありました。

また、現行法478条の文言からは、そうした「準占有者」への弁済が有効かどうかは、もっぱら弁済時の弁済者の主観面（相手方に受取権限があると信じ、かつ、そう信じたことについて過失がないかどうか）を問題としているように読めますが、無権限者が他人の預金通帳を使用し暗証番号を入力して現金自動入出機から預金の払戻しを受けたケースにおいて、最高裁判所は、払戻しを行った銀行が無過失であるというためには、「機械払システムの設置管理の全体について、可能な限度で無権限者による払戻しを排除しうるよう注意義務を尽くしていたことを要する」としており（最高裁平成15年4月8日判決・民集57巻4号337頁）、弁済時の弁済者の主観面にとどまらない事情も考慮することを明らかにしています。

これらの批判や判例法理を踏まえて現行法478条の改正が検討されました。

3 新民法の内容

新民法では、債務の履行が有効になる場合の相手方は、①債権者、②債権者が弁済を受領する権限を与えた第三者、および③法令の規定により弁済を受領する権限を有する第三者（たとえば破産管財人）とし、これらを「受領権者」としています。

そして、受領権者以外の者ではあるが「取引上の社会通念に照らして受領

権者と認められる外観を有する者」（新民法478条）に対してした弁済が効力を有する場合については、結局、現行民法の「善意・無過失」の文言を維持することとされました。つまり、その弁済をした者が善意であり、かつ、過失がなかったときに限り、効力を有するという内容になりました。

4 審議の経過

中間試案では、弁済が有効となる要件については、弁済者が、弁済の相手方を受取権者であると信じたことについて「正当な理由」がある場合、という提案がなされていましたが、弁済の効力を認める範囲が不明確となるといった意見や、「正当な理由」に改めることと債権者の帰責事由の考慮との関係をどのようにみるのかなどさまざまな意見が寄せられ、新民法では、現行の「善意かつ無過失」を維持することとなりました。

■残された課題■

弁済の効力について、前記2で紹介した判例は預金者保護の観点から支持できるものですが、弁済者（銀行）の過失の有無を判断するにあたって、弁済時の主観面のみならず機械払いシステムの設置管理自体の過失の有無も考慮した点は、現行法478条の文言から直ちに導かれるとは言い難いものです。

この判例のとおり、現在の実務では、単純な債務者の弁済時の主観に限らない総合的な考慮が必要とされており、中間試案で提案された「正当な理由」という文言は、弁済者が保護されることが正当か否かにつき総合的な考慮をすることが明確になるという点で十分検討に値するものといえましたが、改正は見送られました。

この点は今後も、判例法理を踏まえた解釈に委ねられることになります。

（西野大輔）

Q17 説明義務・情報提供義務 見送り

> 説明義務・情報提供義務の規定は設けられなかったのでしょうか。

Answer

　一般に、取引をしようとする当事者は、その取引に先立って、自分で取引の要否や損得などにかかわる情報を集めるのが原則とされています。

　しかし、たとえば、しくみが複雑でリスクのある金融商品等については、専門的な知識があり、商品の情報を豊富に有する金融業者等に、顧客がそれを理解できるように説明し、情報を提供する義務があるとされています。現在では、金融商品販売法などの特別法において事業者の説明義務・情報提供義務が定められています。判例も、信義則を根拠に、説明義務違反・情報提供義務違反を認めてきました。

　この説明義務・情報提供義務を基本法である民法にも規定するかが議論されてきたのですが、新民法では条文化が見送られています。

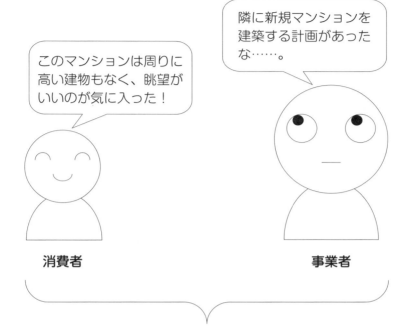

Q17 説明義務・情報提供義務

Step Up!

1　現行法の規定

現行法には、説明義務・情報提供義務を定めた規定はありません。かつては、契約を締結する前提となる情報等は、各契約当事者が自己責任で入手すべきであると考えられてきたからです。

2　問題の所在

もっとも、高度に複雑化した現代社会においては、情報や知識などが事業者に偏在し、事業者と消費者との間などには歴然とした格差が存在します。高度かつ複雑な金融工学を用いた金融商品などについては一般消費者にはおよそ理解することは困難です。金融商品取引や不動産取引、医療サービスなどの分野では、信義誠実の原則（民法1条2項。以下、「信義則」といいます）を根拠に事業者の説明義務・情報提供義務を認める裁判例が蓄積され、また、各種業法において事業者の説明義務等が定められてきました。たとえば、金融商品販売法3条1項は「金融商品販売業者等は、金融商品の販売等を業として行おうとするときは、当該金融商品の販売等に係る金融商品の販売が行われるまでの間に、顧客に対し……『重要事項』……について説明をしなければならない」とし、同条2項では「前項の説明は、顧客の知識、経験、財産の状況及び当該金融商品の販売に係る契約を締結する目的に照らして、当該顧客に理解されるために必要な方法及び程度によるものでなければならない」とされています。そして、この説明義務違反がある場合には、損害賠償責任が認められています（同法5条）。

3　新民法の内容

新民法では、説明義務・情報提供義務の明文化は見送られました。引き続き、信義則などを根拠に、解釈に委ねられることになります。

4　審議の経過

中間試案では、情報提供義務の規律を新民法に設けることが提案されていました。

しかし、中間試案に対しては、事業者団体からは、事業者に過度の負担を強いる、消費者からのクレームなど濫用が懸念されるなどの消極意見が出されました。日用品を含め、分厚い説明書をつけなければならなくなるという極端な懸念までありました。

　他方、中間試案に対しては、金融商品取引被害に取り組んできた団体など消費者・投資家側からも懸念が示されました。すなわち、中間試案は、原則として契約当事者は情報提供義務を負わないと宣言をしており、情報提供義務が認められるのは例外的な場合とされていること、法が定める要件をすべて認めなければ情報提供義務は認められないとの制限的な定め方をしており、硬直的な判断を招きかねず、これまでの裁判例や各種法令を後退させてしまうことがその理由でした。

　これらの批判・懸念を受けて、新民法においては、説明義務・情報提供義務の明文化は見送られたのです。もっとも、今後も、特別法や信義則を根拠に説明義務・情報提供義務が認められることに変わりはありません。

■ 残された課題 ■

　説明義務・情報提供義務が信義則（民法1条2項）を根拠に認められる場合があることは判例・学説上も承認されており、業者が説明義務・情報提供義務を負うことを正面から認めたうえで、信義則を適用する際の判断指針となる要件を例示するなど緩やかな規律を設けることは可能であったと思われます。

　ところで、消費者契約法においては、情報提供義務違反については取消権などは付与されておらず、法的義務とならない「努力義務」にとどまっています（3条1項）。今後は、消費者契約法の実体法改正等において事業者の情報提供義務を拡充すべきと考えます。

（辰巳裕規）

Q18 信義則等の適用にあたっての考慮要素 見送り

悪質な販売業者が、知識の乏しい中小事業者を狙って結んだリース契約のトラブルなどに、信義則等を適用するにあたって、当事者間の格差を十分に考慮するための規定は設けられたのですか。

Answer

契約関係に信義則等の規定を適用するにあたっての考慮要素を明示する規定を導入することが検討されていましたが、残念ながら、新民法では規定は設けられませんでした。

民法の個別の条文や他の法律の規定では適切にトラブルを解決できない場合に、民法1条2項の信義則や同条3項の権利濫用という規定で救済がなされています。契約をめぐるトラブルでは、契約当事者間の非対等性を考慮して、消費者・中小事業者などの救済が図られています。もっとも、信義則等の規定では、考慮すべき要素が明記されていないので、当事者間の非対等性が十分に考慮されないおそれも否定できません。現行法をそのまま維持したことには疑問が残ります。

〈現行法の規定〉

1条（基本原則）
2項　権利の行使及び義務の履行は、信義に従い誠実に行わなければならない。 3項　権利の濫用は、これを許さない。

〈契約当事者間の格差〉

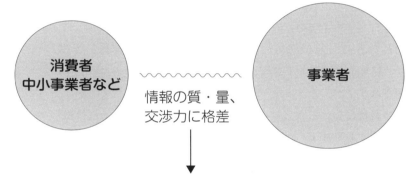

不公正な契約、不当な条項、過酷な権利行使

救済のために他に適切な条項がない

適用にあたって、取引当事者間の情報・交渉力の格差をも考慮することを明示することが望まれていた。

しかし

Q18 信義則等の適用にあたっての考慮要素

▶ Step Up!

1 現行法の規定

民法1条2項は、「権利の行使及び義務の履行は、信義に従い誠実に行わなければならない」と規定し、同条3項は、「権利の濫用は、これを許さない」と規定しています。もっとも、これらの規定を適用する場合に、どのような事情を考慮するのかについて、具体的な手がかりは示されていません。

2 問題の所在

民法1条2項の信義則や同条3項の権利の濫用に関する規定は、個々の条文ではトラブルを適切に解決できない場合などに適用されるものです。その適用にあたっては、さまざまな事情が考慮されます。契約をめぐるトラブルでは、情報の質・量および交渉力の格差といった契約当事者間の非対等性も考慮されますが、それらをどの程度考慮要素としてとらえるかについては裁判官の裁量に委ねられており、必ずしも十分に考慮されるとは限らないところに問題があります。

3 新民法の内容

契約関係において信義則等の規定を適用するにあたっての考慮要素を明示する規定を導入する提案が中間試案では示されていましたが、法制審議会でも意見が一致しているとはいえず、意見の調整が難しいことなどを理由に、要綱段階でこのような規定を設けることは見送られ、新民法に規定は入りませんでした。

4 新民法の評価

事業者間の契約では、消費者法のような非対等性を考慮した法律が適用される場面は非常に限られています。そのようなこともあってか、近年では、中小事業者の知識不足につけ込んだ悪質な提携リース（販売店があらかじめリース会社と提携関係を結んだうえで、リース契約とセットで商品を売り込むというもの）によるトラブルなどが多発していました。そのような事業者間の契約において、民法の信義則の適用によってユーザー側が救済される例もあ

ります。しかし、ケースによっては、ユーザーが事業者ということから、契約の非対等性が十分に考慮されないこともあります。考慮すべき事情が明確でないと、中小事業者の知識不足につけ込むような取引において、現実に存在する格差が軽視されることを防ぐことは難しいでしょう。

また、消費者と事業者との間のトラブルでは、多くの場合、消費者契約法や特定商取引法などの規定を適用することで解決されます。しかし、これらの法律の規定で救済できない場合（たとえば、消費者契約法では説明義務の問題、特定商取引法では適用除外となっている取引など）、信義則等の適用による救済が必要となることも少なくありません。考慮すべき事由が不明確なままでは、消費者と事業者との間の不均衡でさえ十分に考慮されないことを防ぐことができないように思われます。

このように考えると、新民法が信義則等の規定を適用するにあたっての考慮要素を明示する規定を導入しなかったことは適切だとは思われません。

■残された課題■

　複雑な商品や専門的な取引は増えていくばかりです。高齢化は進展していますし、成年年齢の引下げも立法課題とされています。今後、取引の当事者間で交渉力や情報の格差が生ずる場合はますます多くなっていくでしょう。

　国会の審議では、「契約弱者」の保護は特別法に委ねるのが基本であるとの答弁がなされていましたが、特別法のない分野もありますし、信義則等の適用されるべき状況も一様ではありません。特別法に委ねることには限界があります。さらなる法改正が期待されますが、それまでにも、不当条項を規制する新民法548条の2第2項や消費者契約法10条などを手がかりにしつつ、契約当事者間の非対等性をしっかりと考慮した形で、信義則等を適用していくべきでしょう。

（薬袋真司）

Q19 定型約款(1)——組入要件・開示義務

新設

① 約款に関する新民法の新しい規定はどのような内容ですか。
② 事業者が一方的に定めた約款は、どのような場合に契約の内容になるのですか。
③ 消費者は、事業者に対して、「約款を見せてほしい」と求めることはできるのですか。

Answer

① 新民法では、約款（損害保険契約の規定集のような、事業者が多数の顧客に対して用いる定型的な契約条項の集まり）に関する民事ルールが整備されました。具体的には、ⓐ定義、ⓑ契約内容とみなされるための要件（組入要件）、ⓒ開示義務、ⓓ約款内容の信義則制限、ⓔ変更要件が規定されました。

② 右の表〈定型約款の組入要件〉の1または2を満たす場合、事業者が規定する約款が契約の内容になります。

③ 約款の開示を請求できます。

〈新民法が定める約款規定の概要〉

1	民法が適用される約款（定型約款）の定義
2	約款が契約内容とみなされるための要件（組入要件）
3	約款の開示義務
4	約款内容の信義則制限
5	約款を変更するための要件

〈定型約款の組入要件〉　※定型取引合意時に1または2を満たすこと

1	定型約款を契約の内容とする旨の合意をしたとき
2	事業者（定型約款準備者）があらかじめその定型約款を契約の内容とする旨を相手方に表示していたとき

〈定型約款の開示義務に関する規定内容〉

1	定型約款準備者は、定型取引合意の前、または、定型取引合意の後相当の期間内に、相手方から請求があった場合には、遅滞なく、相当な方法で当該定型約款の内容を示さなければならない。 ※書面交付やホームページで開示等をしたときを除く。
2	定型約款準備者が、定型取引合意の前において、1の請求を拒んだときは、定型約款は契約内容とならない。 ※一時的な通信障害等の正当事由がある場合を除く。

Q19　定型約款(1)──組入要件・開示義務

Step Up!

1 定型約款に関する新たな規定の導入

現代社会では、電車に乗る、携帯電話を使う等の日常生活の多くの場面で、事業者が作成した約款に基づく取引が広く行われています。しかし、現行の民法には、約款に関する規定がありません。そのため、「見たこともない約款、事業者に一方的に有利な約款、事業者が一方的に変更した約款などに従わなければならないのか」といったトラブルが少なくありません。

新民法では、①民法の規定の適用対象となる「定型約款」の定義、②定型約款が契約内容となるための要件（組入要件）、③定型約款の開示義務、④定型約款の内容に関する信義則による制限、⑤定型約款の変更要件といった新たな規定が定められました。これによって、①定型約款と定義された契約条項について、②どういう場合に法的に拘束されるのか、③内容の開示を求めることができるのか、④消費者にとって著しく酷な内容の約款でも拘束力が認められるのか、⑤事業者が一方的に変更した条項内容にも拘束されるのか、といった諸点に関する民事ルールが明らかになります。今後は、約款の拘束力の不明確さに起因するトラブルが減少して約款取引が安定すること、相手方の権利保護が進むことが期待されます。

2 定型約款の定義

新民法では、民法の規定の対象となる約款を「定型約款」と名付け、「定型取引（ある特定の者が不特定多数の者を相手方として行う取引であって、その内容の全部又は一部が画一的であることがその双方にとって合理的なもの）において、契約の内容とすることを目的としてその特定の者により準備された条項の総体」と定義しています（548条の2第1項）。

このような難しい定義になっているのは、労働契約や事業者間契約の契約書のひな型などを除外しようとしたためです。消費者契約において事業者が「販売規約」等の名称で画一的に定めている契約条件は、ほとんどが「定型約款」に該当すると思われます。

3 定型約款の組入要件・開示義務

新民法で、定型約款の法的拘束力が認められるのは、「定型約款を契約の内容とする旨の合意をしたとき」または「事業者(定型約款準備者)があらかじめその定型約款を契約の内容とする旨を相手方に表示していたとき」です。たとえば、インターネットで商品を買う場合、誰からどの商品をいくらで購入するといった合意(定型取引合意)があり、かつ、事業者によるあらかじめの定型約款の表示があれば、具体的な約款条項を認識していなくとも、当該定型約款が契約内容となります。

法制審議会における審議の過程では、約款の組入要件をどのように規定するかが大きな議論となりました。この点、約款の拘束力の根拠が究極的には当事者の意思であることや、相手方保護の観点から、約款内容の事前の開示や認識する機会の付与を要件とすべきとの意見もありました。他方、経済取引を害さないよう厳格な要件にすべきではないという反対意見もありました。

最終的に、新民法では、定型約款の組入要件は、上述のような緩やかなものとされる一方、定型約款準備者が契約前に開示請求を拒んだときは当該定型約款の拘束力が認められないと規定されました(548条の3)。

■残された課題■

新民法は約款条項の認識可能性を組入要件として規定していませんが、相手方がおよそ知り得ない定型約款を無制約に契約内容とすることを認めるものではありません。もし、重要な約款を事業者が消費者に説明しなかった場合には、信義則上の説明義務違反となりうるのみならず、不意打ち条項として契約内容とならないこともあります(新民法548条の2第2項)。上記の点は国会の審議でも明らかとされています。事業者は、消費者に約款によることを表示する際、約款の所在や内容を知りうるように運用することを原則とすべきと考えられます。

(山本健司)

Q20 定型約款(2)——内容規制・約款変更

① 事業者に著しく有利な内容の約款条項について、どのような法規制が定められたのですか。
② 事業者が契約締結後に一方的に変更した約款が拘束力をもつのはどのような場合ですか。

Answer

① 消費者の権利を過度に制限する約款条項や、消費者に過大な責任を負わせる約款条項については、法的な効力が認められない旨の新たな規定が設けられました。
② 事業者が一方的に変更した約款条項は、当然に消費者を拘束するわけではありません。事業者が、変更後の約款条項を消費者に主張するためには、契約の目的に反しないこと、変更の必要性、変更後の内容の相当性、変更条項の有無・内容、相手方への周知手続など、一定の要件を満たす必要があります。

〈約款内容の信義則制限〉

以下の①と②を満たす約款条項は、契約内容とならない。

①	相手方の権利を制限し、または相手方の義務を加重する条項であること。
②	その定型取引の態様およびその実情並びに取引上の社会通念に照らして民法1条2項に規定する基本原則（信義則）に反して相手方の利益を一方的に害すると認められるもの。

〈定型約款の変更〉

以下の要件を満たすときは、相手方の個別の合意なく、定型約款の変更で、契約内容を変更できる。

〈実体要件〉 約款変更が、次のア・イのいずれかに該当するとき。	
ア	相手方の一般の利益に適合するとき。
イ	契約をした目的に反せず、変更の必要性、変更後の内容の相当性、変更条項の有無・内容その他の変更に係る事情に照らして合理的なものであるとき。
〈手続要件〉 効力発生時期を定め、約款変更する旨・変更後の約款内容・効力発生時期を、インターネットの利用など適切な方法で周知しなければならない。　※上記イの規定による約款変更をするときは、効力発生時期の到来までに上記周知をしなければ約款変更の効力が生じない。	

Step Up!

1　約款の内容規制

　事業者が作成する定型約款では、「いかなる場合でも解約や返品には応じない」、「もし中途解約する場合には過大な違約金が発生する」、「いかなる場合も事業者は責任を負わない」といったような、当該事業者に著しく有利な契約条項が定められている問題事例が少なくありません（「不当条項」の問題）。また、ある商品を購入したら、高額で継続的なメンテナンス費用を支払わなければならないといった思いがけない約款条項が定められていたといった事例も問題となっています（「不意打ち条項」の問題）。

　法制審議会における審議の過程では、消費者など約款の相手方の保護という観点から、「不当条項禁止規定」と「不意打ち条項禁止規定」を明文化すべきという意見が述べられました。その一方において、経済取引への悪影響を懸念する立場から、立法への強い反対意見も述べられました。

　新民法では、不当条項禁止規定と不意打ち条項禁止規制を一本化した内容が規定されています。具体的には、定型約款の条項のうち、①相手方の権利を制限し、または相手方の義務を加重する条項であって、②その定型取引の態様およびその実情並びに取引上の社会通念に照らして民法１条２項に規定する基本原則（信義則）に反して相手方の利益を一方的に害すると認められるものは、合意をしなかったものとみなすとされています（新民法548条の２第２項）。消費者としては、上記①・②を満たす約款条項の法的拘束力を否定できることが明らかにされたことになります。

2　約款の変更

　契約締結後に契約内容を一方当事者が一方的に変更することは、一度約束した契約は守らなければならないという契約の原則論からも、相手方の権利利益の保護という観点からも、本来は許されないはずです。しかし、事業者にとっては、法令の改正など事業を取り巻く環境の変化によって約款を変更する必要性が高い事態は少なくありません。また、約款を用いた契約は、通

常の場合、相手方が多数であることから、相手方の個別の同意を得ることは事実上困難です。そこで、約款に基づく契約が成立した後に、約款準備者がどのようにすれば約款を有効に変更できるかが問題となっていました。

新民法では、定型約款準備者は、約款変更が以下の①・②のいずれかに該当する場合には、個別に相手方と合意をすることなく、定型約款の変更により契約内容を変更できるとされています（548条の4第1項）。

① 相手方の一般の利益に適合するとき。
② 契約目的に反せず、かつ、変更の必要性、変更後の内容の相当性、変更規定の有無・内容、その他の変更に係る事情に照らして合理的なものであるとき。

また、新民法では、約款変更の手続として、約款変更の効力の発生時期を定め、約款を変更する旨および変更後の約款内容並びに効力発生時期を、インターネットの利用など適切な方法で周知しなければならないと定められています。また、上記②の規定に基づく約款変更をするときは、効力発生時期が到来するまでに上記の周知をしなければ、約款変更は効力を生じないと定められています（新民法548条の4第2項・第3項）。

■残された課題■

新民法548条の2第2項は、条文を一読すると不当条項のみに適用される規定のようにみえますが、不意打ち条項にも適用されます。この点は国会の審議でも明らかとされています。定型約款の内容と取引過程の公正さの確保という観点から、この規定の運用は極めて重要です。

約款変更では、上記2②の要件が極めて重要です。約款変更の合理性判断は、条文に例示列挙された諸事由のほか、相手方が被る不利益の補填措置の存否、相手方の解除権の存否、個別同意取得の困難さの程度等の諸事情を総合的に考慮して、慎重に判断される必要があります。

（山本健司）

Q21 売買——商品の不具合 新設

> インターネットでパソコンを買ったところ、その部品が壊れていました。買主として、どのようなことを請求できますか。新民法では、買主が請求できることに変更がありますか。

Answer

　変更があります。目的物に不具合などがあれば、買主は、右下の表のように、中古品の売買か新品の売買かを問わず、修理や代わりの物を求めたり、契約の解除や損害賠償の請求ができるようになります。新民法では、さらに、代金の減額を請求することもできるようになります。

　現行法では、目的物の不具合などのことを「瑕疵(かし)」と呼んでいます。目的物に瑕疵があった場合、目的物の個性に着目した特定物売買（中古品の売買など）か、そうでない種類物売買（新品の工業製品の売買など）かで、買主が請求できることが違うと考えられていました。新民法は、そのような区別をやめて、わかりやすく、使いやすいものにしています。

〈契約の目的物に瑕疵がある場合の現行法と新民法の規定内容〉

現行法の考え方（法定責任説）		
売買の種類 （具体例）	特定物売買 （中古PC・中古車）	種類物売買 （PC・新車（新品））
代替物請求・修補請求	×	○
契約解除権	○（目的不達成のとき）	○
損害賠償	○（限定あり）	○
代金減額請求	（数量不足の場合のみ）	×
責任の限定	隠れた瑕疵があった場合	限定なし

（わかりにくい）　（使いにくい）

⬇

新民法の考え方（契約責任説）	
売買の種類	区別なし
代替物請求・修補請求	○
契約解除権	○
損害賠償	○
減額請求	○
責任の限定	「隠れた」場合に限定せず

Q21 売買——商品の不具合

Step Up!

1 現行法の規定

現行法では、売買の目的物に「隠れた瑕疵」があった場合には、解除あるいは損害賠償請求ができることを定めています（570条による566条の準用）。もっとも、買主が売主に代替物の引渡しや目的物の修補を求めることができるかについては定めがありませんでした。

2 問題の所在

現行法570条の瑕疵担保責任の法的性質については議論があります。従来の通説的見解は、瑕疵担保責任は特定物売買（土地建物の売買や中古自動車など）のみに適用があり、種類物売買（一般の工業製品など）には適用がないとしていました（法定責任説）。この考えからは、代替物の引渡しや修補の請求は種類物売買では認められないとされていました。

しかし、特定物売買と種類物売買で買主の救済を区別することは、とてもわかりにくいですし、また、そのような区別自体が妥当ではないとする見解（契約責任説）が多数を占めつつある状況でした。また、「瑕疵」が「隠れた」ものであるか否かで、買主の保護の有無を決することにも疑問が投げかけられていました。

3 新民法の内容

新民法は、まず、「瑕疵」という言葉を使うことをやめ、「契約の内容に適合しない」という表現に改めました（562条～566条）。そして、特定物売買か種類物売買かを問わず、修補や代替物の請求、損害賠償の請求ができるものとしました。また、「隠れた」ものという限定も外しました。

売買の目的物が特定物だからといって、買主が代替物や修補の請求ができないとする合理性はないでしょう。また、不具合があるのに、それが「隠れた」ものではないとして、売主の責任を否定する理由も見出せません。新民法により、目的物に不具合がある場合の処理が、わかりやすく、また、使いやすいものになりました。

■残された課題■

「瑕疵」という言葉には、当事者の取り決めた品質・性能に欠けるという意味（主観的瑕疵）のほかに、その目的物が通常有すべき品質・性能に欠けるという意味（客観的瑕疵）が含まれていたので、当事者の合意が不明確なときに、「瑕疵」という言葉が、トラブル解決の標準（原則ルール：デフォルト・ルール）として機能していました。これに対し、「契約の内容に適合しないもの」という表現では、このような機能は認めにくくなります。

そこで、たとえばドイツでは、どのような場合に瑕疵あるいは契約不適合になるかについての規定を置いて対応しています（ドイツ民法434条1項）。しかし、新民法はこのような手当てをすることなく、「瑕疵」という言葉を使うことをやめてしまいました。この点には疑問も残るところです。

もっとも、国会の審議では、表現の変更にかかわらず、改正後も現行法と同様の枠組みでトラブルは解決されるという答弁がなされています。このような理解のもとでの規定ぶりの変更にとどまることには注意が必要でしょう。

（薬袋真司）

〈新民法の問題点〉

| 「瑕疵」概念の不使用 | ⟶ | デフォルト・ルールがなくなる |

Q22 消費貸借の成立 新設

お金などの貸し借りに関する契約（消費貸借）のルール（成立要件）が変わると聞きましたが、どう変わるのでしょうか。

Answer

　現行法は、消費貸借について、金銭等の交付があってはじめて効力が生じるとしています（これを「要物契約」といいます）。

　新民法では、この要物契約を残すとともに、金銭等の交付がない場合でも、合意だけで消費貸借の成立を認めることにしています（これを「諾成契約」といいます）。ただし、合意は書面によることとし、単なる口約束による消費貸借の成立は認めていません（なお、電子メールなどの電磁的記録で合意をした場合も、契約が成立します）。

　新民法では、新たに認められた書面合意による消費貸借について、金銭等が交付されるまでの間は、契約を解除することを認めています。そして、契約解除により損害が生じたときは、貸主が損害賠償を請求することができるとしています。

〈現行法と新民法の消費貸借の成立要件の相違〉

条件		契約の成否	
①金銭等交付	②合意方法	現行法	新民法
あり	口頭	○	○
	書面	○	○
	電磁的記録	○	○
なし	口頭	×	×
	書面	× →	○（※）
	電磁的記録	× →	○（※）

※金銭等交付前の契約解除にかかる損害賠償について、事業者からの金銭借入れの場合、貸す予定の資金を別途利用できるので基本的に損害が生じがたいものであることが、国会審議で確認されている。

〈諾成契約と要物契約の成立要件の違い〉

・**諾成**契約 ： 合意 ──────────→ 契約成立

・**要物**契約 ： 合意 ＋ 目的物の引渡しなど ────→ 契約成立

Q22 消費貸借の成立

▶ Step Up!

1 現行法の規定

一般に、契約は、当事者間の合意のみで成立するとされますが（諾成契約）、合意のほかに物の交付が必要な場合（要物契約）もあります。

現行法587条は、消費貸借の成立要件として、当事者間の合意のほか、目的物の交付を必要としています（要物契約）。

2 問題の所在

ところが、実務では、金銭が交付される前に公正証書（執行証書）の作成や抵当権の設定がしばしば行われていることから、消費貸借を要物契約として規定していると、このような公正証書や抵当権の効力について疑義が生じかねないという問題点が指摘されていました。また、実際問題として、住宅ローンについて、借りることについての約束に効力がなければ、借りる人も困ることにもなります。判例で合意のみの消費貸借が認められていたこともあり、消費貸借を諾成契約とすることが法制審議会で検討されました。

3 新民法の内容

(1) 要物契約と諾成契約の併存

新民法では、要物契約を全面的に諾成契約にするのではなく、要物契約を残しています。そして、書面による消費貸借については、当事者の合意だけで契約の効力が生じるとしました。このように諾成契約を認めることにしたのですが、契約が有効に成立するための形式を書面によると限定しています。よって、口頭の合意のみでは、消費貸借契約は成立しません。

以上から、新民法では、要物契約としての消費貸借と、諾成契約としての消費貸借（書面に限る）が併存していることになります。

(2) 電磁的記録による合意

新民法では、電子メールなどの電磁的記録による場合も書面によるものとし、契約の成立を認めています。

(3) 目的物交付前解除権と損害賠償

新民法は、書面による消費貸借について、目的物の交付を受けるまでは、借主は、利息付きであるか無利息であるかを問わず、契約を解除できることを認めました。ただし、解除により貸主に損害が生じたときは、貸主が損害賠償請求できることを明記しています。

この損害賠償の規定については、国会審議で、目的物の交付がないので弁済期までの利息を損害と認める余地はないなど、損害が現実に認められる場合の規定であること、消費貸借を事業として行う者については、資金を他に転用する可能性が高いことから基本的には損害が発生しがたいと考えられることが確認され、参議院の附帯決議で、これらのことについて、借り手だけでなく貸し手にも十分周知徹底を図ることとされました。

4　注意点——契約の成立要件の相違

現行法では、合意があっても、金銭等の交付がなければ、契約は成立していないという扱いでしたが、新民法では、書面による諾成的消費貸借を認めていますので、書面合意がある場合に、金銭等の交付がないことを理由として、契約の成立を否定することはできません。

他方、要物契約を残していますので、目的物の交付がある場合に、書面がないことを理由に、契約の成立を否定することもできません。要物契約と諾成契約では、契約の成立要件が変わりますので、注意が必要です。

■残された課題■

　消費者概念を民法に導入しないこととしたため（☞Q1）、消費者借主は目的物交付前に解除をしても損害賠償義務はないとする規定を導入することもあわせて見送られました。しかし、参議院の附帯決議で、法施行後の状況を踏まえて、必要に応じ対応を検討することとされましたので、法施行後に消費者被害が生じる事態になれば、上記規定案が検討されることになるでしょう。

（石川直基）

Q23 賃貸借契約──原状回復 新設

賃貸マンションなどの賃貸借契約終了後に賃借人が負う原状回復に関する義務を定める新しい規定が設けられたようですが、どのような内容ですか。

Answer

　新民法では、賃貸借契約の終了に伴う収去義務と原状回復義務について、この２つを区別したうえで、右の表のとおり、それぞれの義務の内容と範囲を明確化する規定が設けられています。

　収去義務は、たとえば、賃貸マンションにエアコンを設置したり、畳を備え付けた場合など、賃借人が賃借物に備え付けた物がある場合に、賃借人がその物を取り外して持ち帰る義務です。

　原状回復義務は、たとえば、賃貸マンションを傷つけた場合に、賃借人がその傷を直して借りた時の状態に戻す義務です。実際は、大家さんが直し、その費用を敷金から差し引くという取扱いがほとんどです。

〈収去義務〉

内容	賃借人は、賃借物（マンション等）を借りて受け取った後に、これに附属させた物（畳やエアコン等）がある場合において、賃貸借が終了したときは、その附属させた物を収去する義務を負う。
範囲	①賃借物から物理的に分離することができない物、②取り外すために費用がかかりすぎる物は含まれない。

〈原状回復義務〉

内容	賃借人は、賃借物を受け取った後にこれに生じた損傷（壁紙を傷つけた等）がある場合において、賃貸借契約が終了したときは、その損傷を原状に復する義務（直して、借りた時の状態に戻す義務）を負う。
範囲	①通常の使用によって生じた損耗（家具を置いたカーペットのへこみ等）、②貸借物の経年変化（壁紙が色あせた場合など）、③貸借人の責任ではない事情による損傷は含まれない。

Q23 賃貸借契約——原状回復

> Step Up!

1 現行法の規定

現行法は、賃貸借契約終了後の原状回復に関し、「賃借人は、賃借物を原状に復して、これに附属させた物を収去することができる」と規定しています（616条による598条の準用）。

2 問題の所在

現行法616条は、賃借人が附属物を収去する義務（収去義務）の存在を前提としていると理解されています。また、賃借物から損傷しなければ分離できなくなった物および分離するのに過分の費用を要する物については、収去義務は生じないと理解されています（同法243条参照）。

また、現行法616条は、賃借人が、賃貸借契約終了後に賃借物を返還する際、賃借人が賃借物を受け取った後にこれに生じた損傷について原状に回復する義務（原状回復義務）を負うことを前提としていると理解されています。

そして、原状回復義務の範囲について、使用収益に伴う通常損耗および経年変化は、賃貸人が負担すると理解されています（最高裁平成17年12月16日判決・集民218号1239頁参照）。なお、国土交通省住宅局は、「原状回復をめぐるトラブルとガイドライン」を作成しており、そこでは、この理解をもとに、原状回復を「賃借人の居住、使用により発生した建物価値の減少のうち、賃借人の故意・過失、善管注意義務違反、その他通常の使用を超えるような使用による損耗・毀損を復旧すること」と定義しています。

しかし、以上のような理解は、現行法616条の文言からは明らかでないことから、明文化する必要がありました。

3 新民法の内容（622条・599条1項・2項・621条）

① 賃借人は、賃借物を受け取った後にこれに附属させた物がある場合において、賃貸借が終了したときは、その附属させた物を収去する義務を負う。ただし、賃借物から分離することができない物または分離するのに過分の費用を要する物については、この限りでない。

② 賃借人は、賃借物を受け取った後にこれに附属させた物を収去することができる。
③ 賃借人は、賃借物を受け取った後にこれに生じた損傷（通常の使用および収益によって生じた賃借物の損耗並びに賃借物の経年変化を除く。以下同じ）がある場合において、賃貸借が終了したときは、その損傷を原状に復する義務を負う。ただし、その損傷が賃借人の責めに帰することができない事由によるものであるときは、この限りでない。

4　審議の経過

上記の規定を設けることについて、大きな議論はありませんでした。なお、中間論点整理では、賃貸人が事業者であり賃借人が消費者である賃貸借においては、終了時の賃借人の原状回復義務に通常損耗の回復が含まれる旨の特約の効力は認められないとする条項を設けることが提案され、賛成意見もありましたが、消費者に関する条項は消費者契約法により規定されるべきとの見地から、中間試案以降、議論の対象から外されることとなりました。

■残された課題■

実務では、通常損耗・経年変化の原状回復を賃借人の負担とする特約が多く見られます。特に建物賃貸借契約では、賃貸借期間が長いことから通常損耗・経年変化が発生することが多く、しかも原状回復の費用が高額になることが多いため、賃借人保護の必要性が高くなります。

残念ながら、今回の民法改正および消費者契約法の平成28年改正において、上記特約を無効とする規定を設けることは見送られました。

ただし、新民法621条により、上記特約が消費者契約法10条前半の消費者の義務を加重するという要件に該当することが明白なので、具体的事案では、その内容が信義則に反するような利益侵害（同条後半）といえる場合には、上記特約を無効として賃借人保護を図る余地があります。

（吉村健一郎）

Q24 請負──注文者の権利の期間制限 〈新設〉

仕事の目的物に、契約の内容に適合しない部分が存在した場合に、注文者が権利を行使するための期間は、どのように変わるのですか。

Answer

「仕事の目的物に契約の内容に適合しない部分」(現在の民法では「瑕疵」と呼ばれています)が存在した場合に、注文者が補修や損害賠償を請求できる期間について、現行法は「仕事の目的物を引き渡した時から１年以内」を原則としつつ、建物等については引渡した時から５年間または10年間(建物の種類による)とする特則を置いています。

新民法は、担保期間の定めを削除する一方で、注文者は、契約内容不適合の事実を知った時から１年以内に、その事実を請負人に通知しなければならないとする失権効の規定を設けました(637条１項)。また、建物等についての期間延長の特則は削除することとしています。

〈請負の注文者の権利内容と期間制限の対比〉

●現行法

	権利の有無		期間制限	
	原則（民法636条本文）	例外（民法636条ただし書き）	原則（民法637条1項）	例外（民法638条1項）
瑕疵修補請求（民法634条1項） 損害賠償（民法634条2項） 契約の解除（民法635条本文）（建物や土地工作物は除く（同条ただし書））	注文者が提供した材料、注文者の指図による場合は不適用。	請負人が不適当なことを知って告げなかった場合は適用。	目的物を引き渡した時より1年。	・建物その他の土地の工作物、地盤についての瑕疵：引き渡した時より5年（本文） ・石造・土作・れんが造・コンクリート造・金属造・その他これらに類する構造の工作物についての瑕疵：引き渡した時より10年（ただし書）

●新民法

	権利の有無（新民法636条）		期間制限（新民法637条）	
	原則	例外	原則	例外
瑕疵修補請求（新民法562条1項本文・559条） 代金減額請求（新民法563条・559条） 損害賠償（新民法564条・415条） 契約の解除（新民法564条・541条・542条）	注文者が提供した材料、注文者の指図による場合は、**不適用**（同条本文）。	請負人が不適当なことを知って告げなかった場合は、**適用**（同条ただし書）。	契約不適合の事実を**知ってから1年以内に通知しない場合**（同条1項）。	引渡しの時に**請負人が契約不適合の事実を知っている場合**、重大な過失によって契約不適合の事実を知らなかった場合（同条2項）。

※注文者の権利の内容は、売買の規定を準用

Step Up!

1 現行法の規定

現行法では、注文者が請負人に対して瑕疵担保請求をなしうる期間（除斥期間）として「仕事の目的物を引き渡した時から1年以内」と定められています（637条1項）。また、建物その他の土地の工作物についての特則として、土地工作物については担保請求権の存続期間を引き渡した後5年間、特に石造、土造、れんが造、コンクリート造、金属造その他これらに類する構造の工作物については10年間と定められています（同法638条1項）。

この点、現行法では、売買の瑕疵担保請求権の期間制限については「買主が（瑕疵が存在する）事実を知った時から1年以内」という主観的基準が用いられている点（570条・566条3項）、売買契約には土地工作物の特則が存在しない点で、請負契約と売買契約では期間制限について相違が存在します。なお、実務的には、個別契約の条項によって上記規定が修正されていることが多いことも特色といえます。さらに、新築住宅の請負契約・売買契約については、特別法により構造耐力上主要な部分（基礎、壁、柱など）・雨水の浸入を防止する部分についての担保請求権の期間が10年間に強制されています（品確法94条1項・95条）。

2 問題の所在

上記のとおり、現行法では瑕疵担保請求権の期間制限について請負契約と売買契約で相違が存在し、統一的な規定とするべきとの意見がありました。

また、現行法638条が土地の工作物に関して特に長期の期間を規定している点について、「瑕疵」の存在が注文者に明らかになっている場合には長期の期間を設ける必要はないのではないかという議論もありました。

3 新民法の内容

新民法では、「仕事の目的物が契約の趣旨に適合しない場合」の注文者の権利の期間制限として、以下の内容になりました。なお、注文者の権利の内容は売買の箇所で規定されていることに注意が必要です（前頁の図参照）。

① 注文者がその不適合の事実を知った時から1年以内に当該事実を請負人に通知しないときは、注文者は、その不適合を理由とする履行の追完の請求、代金減額の請求、損害賠償の請求または契約の解除をすることができない（ただし、注文者に故意・重過失が存在する場合を除く）。
② 現行法638条を削除する。

■残された課題■

土地工作物については、注文者が一定の不具合現象を認知した場合も、それを法的な瑕疵であると認識するためには技術的調査が必要なことが多く（たとえば、建物の基礎にひび割れを見つけた場合、それが経年変化によるものなのか、建物の欠陥（瑕疵）と評価できるものなのかは、専門家の調査によらないとわからないことも多い）、上記新民法の内容では、解釈によっては1年以内にそうした調査もする必要があるということになりかねず、注文者が保護される範囲が狭まることが懸念されます。

担保責任の期間は、契約上の個別条項で短期とする特約がなされることが多いです。特に、建築請負工事では、品確法の例外を除いて、ほとんどの瑕疵について短期の特約がなされています。建築の瑕疵は、品確法の定める構造欠陥および雨漏り以外にも重大なものはたくさんありますが、担保責任の期間を「引渡時より1年」などと短期にする特約によって瑕疵に気がつかないまま追完請求権などを失うことが想定され、消費者保護の視点からの手当てが必要です。立法的解決も一つの方法ですが、重大な瑕疵、発見困難な瑕疵などについて担保責任の期間を短期にする特約は、消費者契約法10条による無効を検討すべきでしょう。大阪地裁平成11年2月6日判決（判例集未登載）、静岡地裁沼津支部平成17年4月27日判決（欠陥住宅判例4集258頁）は除斥期間を制限的に解釈しており参考になります。

（岡田修一、河合敏男）

Q25 周知期間と適用関係

① 新民法の規定が適用されるのは、いつからになりますか。
② 新民法の規定が適用される日より前の法律関係に、新民法が適用されることはありますか。また、それはどのような場合でしょうか。

Answer

① 新民法の周知期間

新民法は、時効期間の変更や、法定利率の変更、各種保証人保護の規定、定型約款の新設など、国民生活に重大な影響のある変更がなされています。そこで、附則1条で公布の日から3年を超えない期間内に政令で定める日から施行すると定められており、平成32（2020）年4月1日に施行されます。

② 経過措置

経過措置の基本的な考え方は、新民法は、改正後に締結される契約や債権に適用されるというものです。しかし、附則によって、その例外が定められているものがあります。詳細は右図のとおりです。

〈新旧法適用の考え方〉

[原則]

施行日
2020年4月1日

原因（意思表示、法律行為、事件）

債権債務が発生	債権債務が発生
⇩	⇩
現行法が適用	新民法が適用

[例外]

代理権（附則7条）、消滅時効（同10条・35条）、保証債務（同21条）、債権譲渡（同22条）、相殺（同26条）、定型約款（同33条）、賃貸借契約（同34条）

Q25 周知期間と適用関係

▶ Step Up!

1 周知期間

新民法が成立しましたが、基本的な民事法ルールを定めた法律ですので、十分な周知期間が必要だと考えられます。この点、附則1条柱書で、公布の日から起算して3年を超えない範囲内で、政令で定めると規定され、政令で施行日が、平成32（2020）年4月1日と定められました。

2 新民法の適用

新民法が、平成29（2017）年5月26日に可決・成立し、同年6月2日に公布されましたが、遅くとも2020年4月1日の施行日までは、現行法を前提として取引がなされているわけですから、現行民法が適用されるのが原則です。ただ、附則で次のような例外が定められています。

(1) 代　理

代理については、新法の適用を代理行為時か代理権授権行為時にするかという問題がありますが、附則では代理権行為時を基準となります（7条）。

(2) 時　効

時効についての附則は10条と35条に定められています。施行日より前に債権（仮に債権それ自体が施行日後に発生しても、原因が施行日前であれば同じ）が発生していたら、現行法が適用されます（附則10条1項・4項）。新民法の時効障害事由も、施行日前に生じたものには適用されず（同条2項）、協議による停止の制度も、施行前の協議には適用されません（同条3項）。

不法行為については、現行法724条の時効期間が満了しないまま施行日を迎えた債権については、新民法が適用されます（附則35条1項）。これは生命・身体侵害の場合の特則についても同様です（同条2項）。

(3) 保　証

施行日前に締結された保証契約は現行法が適用されます（附則21条1項）。なお、保証意思確認公正証書は、公布日より2年9カ月を超えない範囲で、政令が定めた日より作成可能です（附則1条3号・21条2項・3項）。

(4) 債権譲渡

債権譲渡時が施行日前か後かで新民法の適用の有無が決まります（附則22条）。したがって、譲渡禁止特約が付いている債権であっても、施行後に譲渡すれば、その譲渡禁止特約の効力は制限されます。

(5) 相　殺

相殺禁止の意思表示については、意思表示の日が施行日の前か後かで現行法と新民法のどちらが適用されるかが決まります（附則26条1項）。これに対し、民法509条については、受働債権の原因が施行日の前か後かで、差押えと相殺（民法511条）については、自働債権の原因が施行日の前か後かで、現行法と新民法のどちらが適用されるかが決まります（附則26条2項・3項）。また、相殺の充当（民法512条）については、相殺の意思表示が施行日の前か後かで現行法と新民法のどちらが適用されるかが決まります（附則26条4項）。

(6) 定型約款

定型約款は、新しいルールですので、例外的に新民法公布日から遡及適用されます（附則33条1項）。したがって、新民法が施行されると、現在の約款契約のうち、定型約款（548条の2第1項）については、新民法の規定が適用されることになります。ただ、現在の約款取引で解除権を有する契約当事者以外の者については、定型約款による拘束を受けるかについて選択権を与える必要があります。そこで、当事者の一方が書面により、定型約款について反対の意思表示をした場合には遡及適用されることはありません（附則33条2項）。この遡及適用に反対する意思表示の開始日は、公布の日から1年以内の日を政令で定める（同1条2号）とされています。なお、反対の意思表示は、施行日前にしなければなりません（同33条3項）。

(7) 賃貸借

賃貸借のうち、すでに契約されている賃貸借であっても、施行日後に更新される場合には、新民法604条2項が適用され（附則34条2項）、同様に不動産の妨害排除規定は、既存の賃貸借契約であっても施行日後に妨害発生すれば適用されます（同条3項）。

（黒木和彰）

【資料①】「民法の一部を改正する法律」による改正後の民法条文（抜粋）

【資料①】「民法の一部を改正する法律」（平成29年法律第44号）による改正後の民法条文（抜粋）

第3条の2　法律行為の当事者が意思表示をした時に意思能力を有しなかったときは、その法律行為は、無効とする。
（公序良俗）
第90条　公の秩序又は善良の風俗に反する法律行為は、無効とする。
（心裡留保）
第93条　意思表示は、表意者がその真意ではないことを知ってしたときであっても、そのためにその効力を妨げられない。ただし、相手方がその意思表示が表意者の真意ではないことを知り、又は知ることができたときは、その意思表示は、無効とする。
②前項ただし書の規定による意思表示の無効は、善意の第三者に対抗することができない。
（錯誤）
第95条　意思表示は、次に掲げる錯誤に基づくものであって、その錯誤が法律行為の目的及び取引上の社会通念に照らして重要なものであるときは、取り消すことができる。
一　意思表示に対応する意思を欠く錯誤
二　表意者が法律行為の基礎とした事情についてのその認識が真実に反する錯誤
②前項第2号の規定による意思表示の取消しは、その事情が法律行為の基礎とされていることが表示されていたときに限り、することができる。
③錯誤が表意者の重大な過失によるものであった場合には、次に掲げる場合を除き、第1項の規定による意思表示の取消しをすることができない。
一　相手方が表意者に錯誤があることを知り、又は重大な過失によって知らなかったとき。
二　相手方が表意者と同一の錯誤に陥っていたとき。
④第1項の規定による意思表示の取消しは、善意でかつ過失がない第三者に対抗することができない。
（詐欺又は強迫）
第96条　（略）
②相手方に対する意思表示について第三者が詐欺を行った場合においては、相手方がその事実を知り、又は知ることができたときに限り、その意思表示を取り消すことができる。
③前2項の規定による詐欺による意思表示の取消しは、善意でかつ過失がない第三者に対抗することができない。
（取消権者）
第120条　行為能力の制限によって取り消すことができる行為は、制限行為能力者（他の制限行為能力者の法定代理人としてした行為にあっては、当該他の制限行為能力者を含む。）又はその代理人、承継人若しくは同意をすることができる者に限り、取り消すことができる。
②錯誤、詐欺又は強迫によって取り消すことができる行為は、瑕疵ある意思表示をした者又はその代理人若しくは承継人に限り、取り消すことができる。
（取消しの効果）
第121条　取り消された行為は、初めから無効であったものとみなす。
（原状回復の義務）
第121条の2　無効な行為に基づく債務の履行として給付を受けた者は、相手方を原状に復させる義務を負う。
②前項の規定にかかわらず、無効な無償行為に基づく債務の履行として給付を受けた者は、給付を受けた当時その行為が無効であること（給付を受けた後に前条の規定により初めから無効であったものとみなされた行為にあっては、給付を受けた当時その行為が取り消すことができるものであること）を知らなかったときは、その行為によって現に利益を受けている

【資料①】「民法の一部を改正する法律」による改正後の民法条文（抜粋）

限度において、返還の義務を負う。
③第１項の規定にかかわらず、行為の時に意思能力を有しなかった者は、その行為によって現に利益を受けている限度において、返還の義務を負う。行為の時に制限行為能力者であった者についても、同様とする。

(時効の援用)
第145条　時効は、当事者（消滅時効にあっては、保証人、物上保証人、第三取得者その他権利の消滅について正当な利益を有する者を含む。）が援用しなければ、裁判所がこれによって裁判をすることができない。

(裁判上の請求等による時効の完成猶予及び更新)
第147条　次に掲げる事由がある場合には、その事由が終了する（確定判決又は確定判決と同一の効力を有するものによって権利が確定することなくその事由が終了した場合にあっては、その終了の時から６箇月を経過する）までの間は、時効は、完成しない。
一　裁判上の請求
二　支払督促
三　民事訴訟法第275条第１項の和解又は民事調停法（昭和26年法律第222号）若しくは家事事件手続法（平成23年法律第52号）による調停
四　破産手続参加、再生手続参加又は更生手続参加
②前項の場合において、確定判決又は確定判決と同一の効力を有するものによって権利が確定したときは、時効は、同項各号に掲げる事由が終了した時から新たにその進行を始める。

(強制執行等による時効の完成猶予及び更新)
第148条　次に掲げる事由がある場合には、その事由が終了する（申立ての取下げ又は法律の規定に従わないことによる取消しによってその事由が終了した場合にあっては、その終了の時から６箇月を経過する）までの間は、時効は、完成しない。
一　強制執行
二　担保権の実行
三　民事執行法（昭和54年法律第４号）第195条に規定する担保権の実行としての競売の例による競売
四　民事執行法第196条に規定する財産開示手続
②前項の場合には、時効は、同項各号に掲げる事由が終了した時から新たにその進行を始める。ただし、申立ての取下げ又は法律の規定に従わないことによる取消しによってその事由が終了した場合は、この限りでない。

(仮差押え等による時効の完成猶予)
第149条　次に掲げる事由がある場合には、その事由が終了した時から６箇月を経過するまでの間は、時効は、完成しない。
一　仮差押え
二　仮処分

(催告による時効の完成猶予)
第150条　催告があったときは、その時から６箇月を経過するまでの間は、時効は、完成しない。
②催告によって時効の完成が猶予されている間にされた再度の催告は、前項の規定による時効の完成猶予の効力を有しない。

(協議を行う旨の合意による時効の完成猶予)
第151条　権利についての協議を行う旨の合意が書面でされたときは、次に掲げる時のいずれか早い時までの間は、時効は、完成しない。
一　その合意があった時から１年を経過した時
二　その合意において当事者が協議を行う期間（１年に満たないものに限る。）を定めたときは、その期間を経過した時
三　当事者の一方から相手方に対して協議の続行を拒絶する旨の通知が書面でされたときは、その通知の時から６箇月を経過した時
②前項の規定により時効の完成が猶予されている間にされた再度の同項の合意は、

【資料①】「民法の一部を改正する法律」による改正後の民法条文（抜粋）

同項の規定による時効の完成猶予の効力を有する。ただし、その効力は、時効の完成が猶予されなかったとすれば時効が完成すべき時から通じて5年を超えることができない。
③催告によってされた第1項の合意は、同項の規定による時効の完成猶予の効力を有しない。同項の規定により時効の完成が猶予されている間にされた催告についても、同様とする。
④第1項の合意がその内容を記録した電磁的記録（電子的方式、磁気的方式その他人の知覚によっては認識することができない方式で作られる記録であって、電子計算機による情報処理の用に供されるものをいう。以下同じ。）によってされたときは、その合意は、書面によってされたものとみなして、前3項の規定を適用する。
⑤前項の規定は、第1項第3号の通知について準用する。

（承認による時効の更新）
第152条　時効は、権利の承認があったときは、その時から新たにその進行を始める。
②前項の承認をするには、相手方の権利についての処分につき行為能力の制限を受けていないこと又は権限があることを要しない。

（時効の完成猶予又は更新の効力が及ぶ者の範囲）
第153条　第147条又は第148条の規定による時効の完成猶予又は更新は、完成猶予又は更新の事由が生じた当事者及びその承継人の間においてのみ、その効力を有する。
②第149条から第151条までの規定による時効の完成猶予は、完成猶予の事由が生じた当事者及びその承継人の間においてのみ、その効力を有する。
③前条の規定による時効の更新は、更新の事由が生じた当事者及びその承継人の間においてのみ、その効力を有する。

第154条　第148条第1項各号又は第149条各号に掲げる事由に係る手続は、時効の利益を受ける者に対してしないときは、その者に通知をした後でなければ、第148条若しくは第149条の規定による完成猶予又は更新の効力を生じない。

（天災等による時効の完成猶予）
第161条　時効の期間の満了の時に当たり、天災その他避けることのできない事変のため第147条第1項各号又は第148条第1項各号に掲げる事由に係る手続を行うことができないときは、その障害が消滅した時から3箇月を経過するまでの間は、時効は、完成しない。

（債権等の消滅時効）
第166条　債権は、次に掲げる場合には、時効によって消滅する。
　一　債権者が権利を行使することができることを知った時から5年間行使しないとき。
　二　権利を行使することができる時から10年間行使しないとき。
②債権又は所有権以外の財産権は、権利を行使することができる時から20年間行使しないときは、時効によって消滅する。
③前2項の規定は、始期付権利又は停止条件付権利の目的物を占有する第三者のために、その占有の開始の時から取得時効が進行することを妨げない。ただし、権利者は、その時効を更新するため、いつでも占有者の承認を求めることができる。

（人の生命又は身体の侵害による損害賠償請求権の消滅時効）
第167条　人の生命又は身体の侵害による損害賠償請求権の消滅時効についての前条第1項第2号の規定の適用については、同号中「10年間」とあるのは、「20年間」とする。

（定期金債権の消滅時効）
第168条　定期金の債権は、次に掲げる場合には、時効によって消滅する。
　一　債権者が定期金の債権から生ずる金銭その他の物の給付を目的とする各債権を行使することができることを知っ

【資料①】「民法の一部を改正する法律」による改正後の民法条文（抜粋）

た時から10年間行使しないとき。
二　前号に規定する各債権を行使することができる時から20年間行使しないとき。

②定期金の債権者は、時効の更新の証拠を得るため、いつでも、その債務者に対して承認書の交付を求めることができる。

（判決で確定した権利の消滅時効）

第169条　確定判決又は確定判決と同一の効力を有するものによって確定した権利については、10年より短い時効期間の定めがあるものであっても、その時効期間は、10年とする。

②前項の規定は、確定の時に弁済期の到来していない債権については、適用しない。

（法定利率）

第404条　利息を生ずべき債権について別段の意思表示がないときは、その利率は、その利息が生じた最初の時点における法定利率による。

②法定利率は、年3パーセントとする。

③前項の規定にかかわらず、法定利率は、法務省令で定めるところにより、3年を一期とし、一期ごとに、次項の規定により変動するものとする。

④各期における法定利率は、この項の規定により法定利率に変動があった期のうち直近のもの（以下この項において「直近変動期」という。）における基準割合と当期における基準割合との差に相当する割合（その割合に1パーセント未満の端数があるときは、これを切り捨てる。）を直近変動期における法定利率に加算し、又は減算した割合とする。

⑤前項に規定する「基準割合」とは、法務省令で定めるところにより、各期の初日の属する年の6年前の年の1月から前々年の12月までの各月における短期貸付けの平均利率（当該各月において銀行が新たに行った貸付け（貸付期間が1年未満のものに限る。）に係る利率の平均をいう。）の合計を60で除して計算した割合（その割合に0.1パーセント未満の端数があるときは、これを切り捨てる。）とし

て法務大臣が告示するものをいう。

（債務不履行による損害賠償）

第415条　債務者がその債務の本旨に従った履行をしないとき又は債務の履行が不能であるときは、債権者は、これによって生じた損害の賠償を請求することができる。ただし、その債務の不履行が契約その他の債務の発生原因及び取引上の社会通念に照らして債務者の責めに帰することができない事由によるものであるときは、この限りでない。

②前項の規定により損害賠償の請求をすることができる場合において、債権者は、次に掲げるときは、債務の履行に代わる損害賠償の請求をすることができる。
一　債務の履行が不能であるとき。
二　債務者がその債務の履行を拒絶する意思を明確に表示したとき。
三　債務が契約によって生じたものである場合において、その契約が解除され、又は債務の不履行による契約の解除権が発生したとき。

（損害賠償の範囲）

第416条　（略）

②特別の事情によって生じた損害であっても、当事者がその事情を予見すべきであったときは、債権者は、その賠償を請求することができる。

（中間利息の控除）

第417条の2　将来において取得すべき利益についての損害賠償の額を定める場合において、その利益を取得すべき時までの利息相当額を控除するときは、その損害賠償の請求権が生じた時点における法定利率により、これをする。

②将来において負担すべき費用についての損害賠償の額を定める場合において、その費用を負担すべき時までの利息相当額を控除するときも、前項と同様とする。

（保証人の責任等）

第446条　（略）
②　（略）
③保証契約がその内容を記録した電磁的記録によってされたときは、その保証契約

【資料①】「民法の一部を改正する法律」による改正後の民法条文（抜粋）

は、書面によってされたものとみなして、前項の規定を適用する。
（保証人の負担と主たる債務の目的又は態様）
第448条　（略）
②主たる債務の目的又は態様が保証契約の締結後に加重されたときであっても、保証人の負担は加重されない。
　　　　（略）
（主たる債務者について生じた事由の効力）
第457条　主たる債務者に対する履行の請求その他の事由による時効の完成猶予及び更新は、保証人に対しても、その効力を生ずる。
②保証人は、主たる債務者が主張することができる抗弁をもって債権者に対抗することができる。
③主たる債務者が債権者に対して相殺権、取消権又は解除権を有するときは、これらの権利の行使によって主たる債務者がその債務を免れるべき限度において、保証人は、債権者に対して債務の履行を拒むことができる。
（連帯保証人について生じた事由の効力）
第458条　第438条、第439条第１項、第440条及び第441条の規定は、主たる債務者と連帯して債務を負担する保証人について生じた事由について準用する。
（主たる債務の履行状況に関する情報の提供義務）
第458条の２　保証人が主たる債務者の委託を受けて保証をした場合において、保証人の請求があったときは、債権者は、保証人に対し、遅滞なく、主たる債務の元本及び主たる債務に関する利息、違約金、損害賠償その他その債務に従たる全てのものについての不履行の有無並びにこれらの残額及びそのうち弁済期が到来しているものの額に関する情報を提供しなければならない。
（主たる債務者が期限の利益を喪失した場合における情報の提供義務）
第458条の３　主たる債務者が期限の利益を有する場合において、その利益を喪失したときは、債権者は、保証人に対し、その利益の喪失を知った時から２箇月以内に、その旨を通知しなければならない。
②前項の期間内に同項の通知をしなかったときは、債権者は、保証人に対し、主たる債務者が期限の利益を喪失した時から同項の通知を現にするまでに生じた遅延損害金（期限の利益を喪失しなかったとしても生ずべきものを除く。）に係る保証債務の履行を請求することができない。
③前２項の規定は、保証人が法人である場合には、適用しない。
（個人根保証契約の保証人の責任等）
第465条の２　一定の範囲に属する不特定の債務を主たる債務とする保証契約（以下「根保証契約」という。）であって保証人が法人でないもの（以下「個人根保証契約」という。）の保証人は、主たる債務の元本、主たる債務に関する利息、違約金、損害賠償その他その債務に従たる全てのもの及びその保証債務について約定された違約金又は損害賠償の額について、その全部に係る極度額を限度として、その履行をする責任を負う。
②個人根保証契約は、前項に規定する極度額を定めなければ、その効力を生じない。
③第446条第２項及び第３項の規定は、個人根保証契約における第１項に規定する極度額の定めについて準用する。
（個人貸金等根保証契約の元本確定期日）
第465条の３　個人根保証契約であってその主たる債務の範囲に金銭の貸渡し又は手形の割引を受けることによって負担する債務（以下「貸金等債務」という。）が含まれるもの（以下「個人貸金等根保証契約」という。）において主たる債務の元本の確定すべき期日（以下「元本確定期日」という。）の定めがある場合において、その元本確定期日がその個人貸金等根保証契約の締結の日から５年を経過する日より後の日と定められているときは、その元本確定期日の定めは、その効力を生じない。

【資料①】「民法の一部を改正する法律」による改正後の民法条文（抜粋）

②個人貸金等根保証契約において元本確定期日の定めがない場合（前項の規定により元本確定期日の定めがその効力を生じない場合を含む。）には、その元本確定期日は、その個人貸金等根保証契約の締結の日から３年を経過する日とする。
③個人貸金等根保証契約における元本確定期日の変更をする場合において、変更後の元本確定期日がその変更をした日から５年を経過する日より後の日となるときは、その元本確定期日の変更は、その効力を生じない。ただし、元本確定期日の前２箇月以内に元本確定期日の変更をする場合において、変更後の元本確定期日が変更前の元本確定期日から５年以内の日となるときは、この限りでない。
④第446条第２項及び第３項の規定は、個人貸金等根保証契約における元本確定期日の定め及びその変更（その個人貸金等根保証契約の締結の日から３年以内の日を元本確定期日とする旨の定め及び元本確定期日より前の日を変更後の元本確定期日とする変更を除く。）について準用する。

（個人根保証契約の元本の確定事由）
第465条の４　次に掲げる場合には、個人根保証契約における主たる債務の元本は、確定する。ただし、第１号に掲げる場合にあっては、強制執行又は担保権の実行の手続の開始があったときに限る。
　一　債権者が、保証人の財産について、金銭の支払を目的とする債権についての強制執行又は担保権の実行を申し立てたとき。
　二　保証人が破産手続開始の決定を受けたとき。
　三　主たる債務者又は保証人が死亡したとき。
②前項に規定する場合のほか、個人貸金等根保証契約における主たる債務の元本は、次に掲げる場合にも確定する。ただし、第１号に掲げる場合にあっては、強制執行又は担保権の実行の手続の開始があったときに限る。
　一　債権者が、主たる債務者の財産について、金銭の支払を目的とする債権についての強制執行又は担保権の実行を申し立てたとき。
　二　主たる債務者が破産手続開始の決定を受けたとき。

（保証人が法人である根保証契約の求償権）
第465条の５　保証人が法人である根保証契約において、第465条の２第１項に規定する極度額の定めがないときは、その根保証契約の保証人の主たる債務者に対する求償権に係る債務を主たる債務とする保証契約は、その効力を生じない。
②保証人が法人である根保証契約であってその主たる債務の範囲に貸金等債務が含まれるものにおいて、元本確定期日の定めがないとき、又は元本確定期日の定め若しくはその変更が第465条の３第１項若しくは第３項の規定を適用するとすればその効力を生じないものであるときは、その根保証契約の保証人の主たる債務者に対する求償権に係る債務を主たる債務とする保証契約は、その効力を生じない。主たる債務の範囲にその求償権に係る債務が含まれる根保証契約も、同様とする。
③前２項の規定は、求償権に係る債務を主たる債務とする保証契約又は主たる債務の範囲に求償権に係る債務が含まれる根保証契約の保証人が法人である場合には、適用しない。

（公正証書の作成と保証の効力）
第465条の６　事業のために負担した貸金等債務を主たる債務とする保証契約又は主たる債務の範囲に事業のために負担する貸金等債務が含まれる根保証契約は、その契約の締結に先立ち、その締結の日前１箇月以内に作成された公正証書で保証人になろうとする者が保証債務を履行する意思を表示していなければ、その効力を生じない。
②前項の公正証書を作成するには、次に掲げる方式に従わなければならない。
　一　保証人になろうとする者が、次のイ

【資料①】「民法の一部を改正する法律」による改正後の民法条文（抜粋）

又はロに掲げる契約の区分に応じ、それぞれ当該イ又はロに定める事項を公証人に口授すること。
イ　保証契約（ロに掲げるものを除く。）　主たる債務の債権者及び債務者、主たる債務の元本、主たる債務に関する利息、違約金、損害賠償その他その債務に従たる全てのものの定めの有無及びその内容並びに主たる債務者がその債務を履行しないときには、その債務の全額について履行する意思（保証人になろうとする者が主たる債務者と連帯して債務を負担しようとするものである場合には、債権者が主たる債務者に対して催告をしたかどうか、主たる債務者がその債務を履行することができるかどうか、又は他に保証人があるかどうかにかかわらず、その全額について履行する意思）を有していること。
ロ　根保証契約　主たる債務の債権者及び債務者、主たる債務の範囲、根保証契約における極度額、元本確定期日の定めの有無及びその内容並びに主たる債務者がその債務を履行しないときには、極度額の限度において元本確定期日又は第465条の4第1項各号若しくは第2項各号に掲げる事由その他の元本を確定すべき事由が生ずる時までに生ずべき主たる債務の元本及び主たる債務に関する利息、違約金、損害賠償その他その債務に従たる全てのものの全額について履行する意思（保証人になろうとする者が主たる債務者と連帯して債務を負担しようとするものである場合には、債権者が主たる債務者に対して催告をしたかどうか、主たる債務者がその債務を履行することができるかどうか、又は他に保証人があるかどうかにかかわらず、その全額について履行する意思）を有していること。

二　公証人が、保証人になろうとする者の口述を筆記し、これを保証人になろうとする者に読み聞かせ、又は閲覧させること。
三　保証人になろうとする者が、筆記の正確なことを承認した後、署名し、印を押すこと。ただし、保証人になろうとする者が署名することができない場合は、公証人がその事由を付記して、署名に代えることができる。
四　公証人が、その証書は前3号に掲げる方式に従って作ったものである旨を付記して、これに署名し、印を押すこと。
③前2項の規定は、保証人になろうとする者が法人である場合には、適用しない。

（保証に係る公正証書の方式の特則）
第465条の7　前条第1項の保証契約又は根保証契約の保証人になろうとする者が口がきけない者である場合には、公証人の前で、同条第2項第1号イ又はロに掲げる契約の区分に応じ、それぞれ当該イ又はロに定める事項を通訳人の通訳により申述し、又は自書して、同号の口授に代えなければならない。この場合における同項第2号の規定の適用については、同号中「口述」とあるのは、「通訳人の通訳による申述又は自書」とする。
②前条第1項の保証契約又は根保証契約の保証人になろうとする者が耳が聞こえない者である場合には、公証人は、同条第2項第2号に規定する筆記した内容を通訳人の通訳により保証人になろうとする者に伝えて、同号の読み聞かせに代えることができる。
③公証人は、前2項に定める方式に従って公正証書を作ったときは、その旨をその証書に付記しなければならない。

（公正証書の作成と求償権についての保証の効力）
第465条の8　第465条の6第1項及び第2項並びに前条の規定は、事業のために負担した貸金等債務を主たる債務とする保証契約又は主たる債務の範囲に事業のた

【資料①】「民法の一部を改正する法律」による改正後の民法条文（抜粋）

めに負担する貸金等債務が含まれる根保証契約の保証人の主たる債務者に対する求償権に係る債務を主たる債務とする保証契約について準用する。主たる債務の範囲にその求償権に係る債務が含まれる根保証契約も、同様とする。

②前項の規定は、保証人になろうとする者が法人である場合には、適用しない。

（公正証書の作成と保証の効力に関する規定の適用除外）

第465条の9　前3条の規定は、保証人になろうとする者が次に掲げる者である保証契約については、適用しない。

一　主たる債務者が法人である場合のその理事、取締役、執行役又はこれらに準ずる者

二　主たる債務者が法人である場合の次に掲げる者

　イ　主たる債務者の総株主の議決権（株主総会において決議をすることができる事項の全部につき議決権を行使することができない株式についての議決権を除く。以下この号において同じ。）の過半数を有する者

　ロ　主たる債務者の総株主の議決権の過半数を他の株式会社が有する場合における当該他の株式会社の総株主の議決権の過半数を有する者

　ハ　主たる債務者の総株主の議決権の過半数を他の株式会社及び当該他の株式会社の総株主の議決権の過半数を有する者が有する場合における当該他の株式会社の総株主の議決権の過半数を有する者

　ニ　株式会社以外の法人が主たる債務者　である場合におけるイ、ロ又はハに掲げる者に準ずる者

三　主たる債務者（法人であるものを除く。以下この号において同じ。）と共同して事業を行う者又は主たる債務者が行う事業に現に従事している主たる債務者の配偶者

（契約締結時の情報の提供義務）

第465条の10　主たる債務者は、事業のために負担する債務を主たる債務とする保証又は主たる債務の範囲に事業のために負担する債務が含まれる根保証の委託をするときは、委託を受ける者に対し、次に掲げる事項に関する情報を提供しなければならない。

一　財産及び収支の状況

二　主たる債務以外に負担している債務の有無並びにその額及び履行状況

三　主たる債務の担保として他に提供し、又は提供しようとするものがあるときは、その旨及びその内容

②主たる債務者が前項各号に掲げる事項に関して情報を提供せず、又は事実と異なる情報を提供したために委託を受けた者がその事項について誤認をし、それによって保証契約の申込み又はその承諾の意思表示をした場合において、主たる債務者がその事項に関して情報を提供せず又は事実と異なる情報を提供したことを債権者が知り又は知ることができたときは、保証人は、保証契約を取り消すことができる。

③前2項の規定は、保証をする者が法人である場合には、適用しない。

（債権の譲渡性）

第466条　（略）

②当事者が債権の譲渡を禁止し、又は制限する旨の意思表示（以下「譲渡制限の意思表示」という。）をしたときであっても、債権の譲渡は、その効力を妨げられない。

③前項に規定する場合には、譲渡制限の意思表示がされたことを知り、又は重大な過失によって知らなかった譲受人その他の第三者に対しては、債務者は、その債務の履行を拒むことができ、かつ、譲渡人に対する弁済その他の債務を消滅させる事由をもってその第三者に対抗することができる。

④前項の規定は、債務者が債務を履行しない場合において、同項に規定する第三者が相当の期間を定めて譲受人への履行の催告をし、その期間内に履行がないとき

【資料①】「民法の一部を改正する法律」による改正後の民法条文（抜粋）

は、その債務者については、適用しない。
（将来債権の譲渡性）
第466条の６　債権の譲渡は、その意思表示の時に債権が現に発生していることを要しない。
②債権が譲渡された場合において、その意思表示の時に債権が現に発生していないときは、譲受人は、発生した債権を当然に取得する。
③前項に規定する場合において、譲渡人が次条の規定による通知をし、又は債務者が同条の規定による承諾をした時（以下「対抗要件具備時」という。）までに譲渡制限の意思表示がされたときは、譲受人その他の第三者がそのことを知っていたものとみなして、第466条第３項（譲渡制限の意思表示がされた債権が預貯金債権の場合にあっては、前条第１項）の規定を適用する。

（債権の譲渡の対抗要件）
第467条　債権の譲渡（現に発生していない債権の譲渡を含む。）は、譲渡人が債務者に通知をし、又は債務者が承諾をしなければ、債務者その他の第三者に対抗することができない。
②　（略）

（債権の譲渡における債務者の抗弁）
第468条　債務者は、対抗要件具備時までに譲渡人に対して生じた事由をもって譲受人に対抗することができる。
②第466条第４項の場合における前項の規定の適用については、同項中「対抗要件具備時」とあるのは、「第466条第４項の相当の期間を経過した時」とし、第466条の３の場合における同項の規定の適用については、同項中「対抗要件具備時」とあるのは、「第466条の３の規定により同条の譲受人から供託の請求を受けた時」とする。

（債権の譲渡における相殺権）
第469条　債務者は、対抗要件具備時より前に取得した譲渡人に対する債権による相殺をもって譲受人に対抗することができる。

②債務者が対抗要件具備時より後に取得した譲渡人に対する債権であっても、その債権が次に掲げるものであるときは、前項と同様とする。ただし、債務者が対抗要件具備時より後に他人の債権を取得したときは、この限りでない。
　一　対抗要件具備時より前の原因に基づいて生じた債権
　二　前号に掲げるもののほか、譲受人の取得した債権の発生原因である契約に基づいて生じた債権
③第466条第４項の場合における前２項の規定の適用については、これらの規定中「対抗要件具備時」とあるのは、「第466条第４項の相当の期間を経過した時」とし、第466条の３の場合におけるこれらの規定の適用については、これらの規定中「対抗要件具備時」とあるのは、「第466条の３の規定により同条の譲受人から供託の請求を受けた時」とする。

（弁済）
第473条　債務者が債権者に対して債務の弁済をしたときは、その債権は、消滅する。

（第三者の弁済）
第474条　債務の弁済は、第三者もすることができる。
②弁済をするについて正当な利益を有する者でない第三者は、債務者の意思に反して弁済をすることができない。ただし、債務者の意思に反することを債権者が知らなかったときは、この限りでない。
③前項に規定する第三者は、債権者の意思に反して弁済をすることができない。ただし、その第三者が債務者の委託を受けて弁済をする場合において、そのことを債権者が知っていたときは、この限りでない。
④前３項の規定は、その債務の性質が第三者の弁済を許さないとき、又は当事者が第三者の弁済を禁止し、若しくは制限する旨の意思表示をしたときは、適用しない。

（受領権者としての外観を有する者に対

【資料①】「民法の一部を改正する法律」による改正後の民法条文（抜粋）

（する弁済）
第478条　受領権者（債権者及び法令の規定又は当事者の意思表示によって弁済を受領する権限を付与された第三者をいう。以下同じ。）以外の者であって取引上の社会通念に照らして受領権者としての外観を有するものに対してした弁済は、その弁済をした者が善意であり、かつ、過失がなかったときに限り、その効力を有する。

（受領権者以外の者に対する弁済）
第479条　前条の場合を除き、受領権者以外の者に対してした弁済は、債権者がこれによって利益を受けた限度においてのみ、その効力を有する。

（差押えを受けた債権の第三債務者の弁済）
第481条　差押えを受けた債権の第三債務者が自己の債権者に弁済をしたときは、差押債権者は、その受けた損害の限度において更に弁済をすべき旨を第三債務者に請求することができる。
②　（略）

（債務者の危険負担等）
第536条　当事者双方の責めに帰することができない事由によって債務を履行することができなくなったときは、債権者は、反対給付の履行を拒むことができる。
②債権者の責めに帰すべき事由によって債務を履行することができなくなったときは、債権者は、反対給付の履行を拒むことができない。この場合において、債務者は、自己の債務を免れたことによって利益を得たときは、これを債権者に償還しなければならない。

（催告による解除）
第541条　当事者の一方がその債務を履行しない場合において、相手方が相当の期間を定めてその履行の催告をし、その期間内に履行がないときは、相手方は、契約の解除をすることができる。ただし、その期間を経過した時における債務の不履行がその契約及び取引上の社会通念に照らして軽微であるときは、この限りでない。

（催告によらない解除）
第542条　次に掲げる場合には、債権者は、前条の催告をすることなく、直ちに契約の解除をすることができる。
一　債務の全部の履行が不能であるとき。
二　債務者がその債務の全部の履行を拒絶する意思を明確に表示したとき。
三　債務の一部の履行が不能である場合又は債務者がその債務の一部の履行を拒絶する意思を明確に表示した場合において、残存する部分のみでは契約をした目的を達することができないとき。
四　契約の性質又は当事者の意思表示により、特定の日時又は一定の期間内に履行をしなければ契約をした目的を達することができない場合において、債務者が履行をしないでその時期を経過したとき。
五　前各号に掲げる場合のほか、債務者がその債務の履行をせず、債権者が前条の催告をしても契約をした目的を達するのに足りる履行がされる見込みがないことが明らかであるとき。
②次に掲げる場合には、債権者は、前条の催告をすることなく、直ちに契約の一部の解除をすることができる。
一　債務の一部の履行が不能であるとき。
二　債務者がその債務の一部の履行を拒絶する意思を明確に表示したとき。

（債権者の責めに帰すべき事由による場合）
第543条　債務の不履行が債権者の責めに帰すべき事由によるものであるときは、債権者は、前2条の規定による契約の解除をすることができない。

（解除の効果）
第545条　（略）
②　（略）
③第1項本文の場合において、金銭以外の物を返還するときは、その受領の時以後に生じた果実をも返還しなければならない。
④　（略）

【資料①】「民法の一部を改正する法律」による改正後の民法条文（抜粋）

（定型約款の合意）
第548条の２　定型取引（ある特定の者が不特定多数の者を相手方として行う取引であって、その内容の全部又は一部が画一的であることがその双方にとって合理的なものをいう。以下同じ。）を行うことの合意（次条において「定型取引合意」という。）をした者は、次に掲げる場合には、定型約款（定型取引において、契約の内容とすることを目的としてその特定の者により準備された条項の総体をいう。以下同じ。）の個別の条項についても合意をしたものとみなす。
　一　定型約款を契約の内容とする旨の合意をしたとき。
　二　定型約款を準備した者（以下「定型約款準備者」という。）があらかじめその定型約款を契約の内容とする旨を相手方に表示していたとき。
②前項の規定にかかわらず、同項の条項のうち、相手方の権利を制限し、又は相手方の義務を加重する条項であって、その定型取引の態様及びその実情並びに取引上の社会通念に照らして第１条第２項に規定する基本原則に反して相手方の利益を一方的に害すると認められるものについては、合意をしなかったものとみなす。

（定型約款の内容の表示）
第548条の３　定型取引を行い、又は行おうとする定型約款準備者は、定型取引合意の前又は定型取引合意の後相当の期間内に相手方から請求があった場合には、遅滞なく、相当な方法でその定型約款の内容を示さなければならない。ただし、定型約款準備者が既に相手方に対して定型約款を記載した書面を交付し、又はこれを記録した電磁的記録を提供していたときは、この限りでない。
②定型約款準備者が定型取引合意の前において前項の請求を拒んだときは、前条の規定は、適用しない。ただし、一時的な通信障害が発生した場合その他正当な事由がある場合は、この限りでない。

（定型約款の変更）
第548条の４　定型約款準備者は、次に掲げる場合には、定型約款の変更をすることにより、変更後の定型約款の条項について合意があったものとみなし、個別に相手方と合意をすることなく契約の内容を変更することができる。
　一　定型約款の変更が、相手方の一般の利益に適合するとき。
　二　定型約款の変更が、契約をした目的に反せず、かつ、変更の必要性、変更後の内容の相当性、この条の規定により定型約款の変更をすることがある旨の定めの有無及びその内容その他の変更に係る事情に照らして合理的なものであるとき。
②定型約款準備者は、前項の規定による定型約款の変更をするときは、その効力発生時期を定め、かつ、定型約款を変更する旨及び変更後の定型約款の内容並びにその効力発生時期をインターネットの利用その他の適切な方法により周知しなければならない。
③第１項第２号の規定による定型約款の変更は、前項の効力発生時期が到来するまでに同項の規定による周知をしなければ、その効力を生じない。
④第548条の２第２項の規定は、第１項の規定による定型約款の変更については、適用しない。

（買主の追完請求権）
第562条　引き渡された目的物が種類、品質又は数量に関して契約の内容に適合しないものであるときは、買主は、売主に対し、目的物の修補、代替物の引渡し又は不足分の引渡しによる履行の追完を請求することができる。ただし、売主は、買主に不相当な負担を課するものでないときは、買主が請求した方法と異なる方法による履行の追完をすることができる。
②前項の不適合が買主の責めに帰すべき事由によるものであるときは、買主は、同項の規定による履行の追完の請求をすることができない。

（買主の代金減額請求権）

【資料①】「民法の一部を改正する法律」による改正後の民法条文（抜粋）

第563条　前条第1項本文に規定する場合において、買主が相当の期間を定めて履行の追完の催告をし、その期間内に履行の追完がないときは、買主は、その不適合の程度に応じて代金の減額を請求することができる。
②前項の規定にかかわらず、次に掲げる場合には、買主は、同項の催告をすることなく、直ちに代金の減額を請求することができる。
　一　履行の追完が不能であるとき。
　二　売主が履行の追完を拒絶する意思を明確に表示したとき。
　三　契約の性質又は当事者の意思表示により、特定の日時又は一定の期間内に履行をしなければ契約をした目的を達することができない場合において、売主が履行の追完をしないでその時期を経過したとき。
　四　前3号に掲げる場合のほか、買主が前項の催告をしても履行の追完を受ける見込みがないことが明らかであるとき。
③第1項の不適合が買主の責めに帰すべき事由によるものであるときは、買主は、前2項の規定による代金の減額の請求をすることができない。
（買主の損害賠償請求及び解除権の行使）
第564条　前2条の規定は、第415条の規定による損害賠償の請求並びに第541条及び第542条の規定による解除権の行使を妨げない。
（移転した権利が契約の内容に適合しない場合における売主の担保責任）
第565条　前3条の規定は、売主が買主に移転した権利が契約の内容に適合しないものである場合（権利の一部が他人に属する場合においてその権利の一部を移転しないときを含む。）について準用する。
（目的物の種類又は品質に関する担保責任の期間の制限）
第566条　売主が種類又は品質に関して契約の内容に適合しない目的物を買主に引き渡した場合において、買主がその不適合を知った時から1年以内にその旨を売主に通知しないときは、買主は、その不適合を理由として、履行の追完の請求、代金の減額の請求、損害賠償の請求及び契約の解除をすることができない。ただし、売主が引渡しの時にその不適合を知り、又は重大な過失によって知らなかったときは、この限りでない。
（目的物の滅失等についての危険の移転）
第567条　売主が買主に目的物（売買の目的として特定したものに限る。以下この条において同じ。）を引き渡した場合において、その引渡しがあった時以後にその目的物が当事者双方の責めに帰することができない事由によって滅失し、又は損傷したときは、買主は、その滅失又は損傷を理由として、履行の追完の請求、代金の減額の請求、損害賠償の請求及び契約の解除をすることができない。この場合において、買主は、代金の支払を拒むことができない。
②売主が契約の内容に適合する目的物をもって、その引渡しの債務の履行を提供したにもかかわらず、買主がその履行を受けることを拒み、又は受けることができない場合において、その履行の提供があった時以後に当事者双方の責めに帰することができない事由によってその目的物が滅失し、又は損傷したときも、前項と同様とする。
（担保責任を負わない旨の特約）
第572条　売主は、第562条第1項本文又は第565条に規定する場合における担保の責任を負わない旨の特約をしたときであっても、知りながら告げなかった事実及び自ら第三者のために設定し又は第三者に譲り渡した権利については、その責任を免れることができない。
（書面でする消費貸借等）
第587条の2　前条の規定にかかわらず、書面でする消費貸借は、当事者の一方が金銭その他の物を引き渡すことを約し、相手方がその受け取った物と種類、品質及び数量の同じ物をもって返還をするこ

【資料①】「民法の一部を改正する法律」による改正後の民法条文（抜粋）

とを約することによって、その効力を生ずる。
② 書面でする消費貸借の借主は、貸主から金銭その他の物を受け取るまで、契約の解除をすることができる。この場合において、貸主は、その契約の解除によって損害を受けたときは、借主に対し、その賠償を請求することができる。
③ 書面でする消費貸借は、借主が貸主から金銭その他の物を受け取る前に当事者の一方が破産手続開始の決定を受けたときは、その効力を失う。
④ 消費貸借がその内容を記録した電磁的記録によってされたときは、その消費貸借は、書面によってされたものとみなして、前3項の規定を適用する。

（準消費貸借）
第588条　金銭その他の物を給付する義務を負う者がある場合において、当事者がその物を消費貸借の目的とすることを約したときは、消費貸借は、これによって成立したものとみなす。

（利息）
第589条　貸主は、特約がなければ、借主に対して利息を請求することができない。
② 前項の特約があるときは、貸主は、借主が金銭その他の物を受け取った日以後の利息を請求することができる。

（貸主の引渡義務等）
第590条　第551条の規定は、前条第1項の特約のない消費貸借について準用する。
② 前条第1項の特約の有無にかかわらず、貸主から引き渡された物が種類又は品質に関して契約の内容に適合しないものであるときは、借主は、その物の価額を返還することができる。

（返還の時期）
第591条　（略）
② 借主は、返還の時期の定めの有無にかかわらず、いつでも返還をすることができる。
③ 当事者が返還の時期を定めた場合において、貸主は、借主がその時期の前に返還をしたことによって損害を受けたときは、借主に対し、その賠償を請求することができる。

（賃貸借）
第601条　賃貸借は、当事者の一方がある物の使用及び収益を相手方にさせることを約し、相手方がこれに対してその賃料を支払うこと及び引渡しを受けた物を契約が終了したときに返還することを約することによって、その効力を生ずる。

（短期賃貸借）
第602条　処分の権限を有しない者が賃貸借をする場合には、次の各号に掲げる賃貸借は、それぞれ当該各号に定める期間を超えることができない。契約でこれより長い期間を定めたときであっても、その期間は、当該各号に定める期間とする。
一～四　（略）

（賃貸借の存続期間）
第604条　賃貸借の存続期間は、50年を超えることができない。契約でこれより長い期間を定めたときであっても、その期間は、50年とする。
② 賃貸借の存続期間は、更新することができる。ただし、その期間は、更新の時から50年を超えることができない。

（不動産賃貸借の対抗力）
第605条　不動産の賃貸借は、これを登記したときは、その不動産について物権を取得した者その他の第三者に対抗することができる。

（不動産の賃貸人たる地位の移転）
第605条の2　前条、借地借家法（平成3年法律第90号）第10条又は第31条その他の法令の規定による賃貸借の対抗要件を備えた場合において、その不動産が譲渡されたときは、その不動産の賃貸人たる地位は、その譲受人に移転する。
② 前項の規定にかかわらず、不動産の譲渡人及び譲受人が、賃貸人たる地位を譲渡人に留保する旨及びその不動産を譲受人が譲渡人に賃貸する旨の合意をしたときは、賃貸人たる地位は、譲受人に移転しない。この場合において、譲渡人と譲受人又はその承継人との間の賃貸借が終了

【資料①】「民法の一部を改正する法律」による改正後の民法条文（抜粋）

したときは、譲渡人に留保されていた賃貸人たる地位は、譲受人又はその承継人に移転する。
③第1項又は前項後段の規定による賃貸人たる地位の移転は、賃貸物である不動産について所有権の移転の登記をしなければ、賃借人に対抗することができない。
④第1項又は第2項後段の規定により賃貸人たる地位が譲受人又はその承継人に移転したときは、第608条の規定による費用の償還に係る債務及び第622条の2第1項の規定による同項に規定する敷金の返還に係る債務は、譲受人又はその承継人が承継する。
(合意による不動産の賃貸人たる地位の移転)
第605条の3 不動産の譲渡人が賃貸人であるときは、その賃貸人たる地位は、賃借人の承諾を要しないで、譲渡人と譲受人との合意により、譲受人に移転させることができる。この場合においては、前条第3項及び第4項の規定を準用する。
(不動産の賃借人による妨害の停止の請求等)
第605条の4 不動産の賃借人は、第605条の2第1項に規定する対抗要件を備えた場合において、次の各号に掲げるときは、それぞれ当該各号に定める請求をすることができる。
　一　その不動産の占有を第三者が妨害しているとき　その第三者に対する妨害の停止の請求
　二　その不動産を第三者が占有しているとき　その第三者に対する返還の請求
(賃貸人による修繕等)
第606条 賃貸人は、賃貸物の使用及び収益に必要な修繕をする義務を負う。ただし、賃借人の責めに帰すべき事由によってその修繕が必要となったときは、この限りでない。
②　(略)
(賃借人による修繕)
第607条の2 賃借物の修繕が必要である場合において、次に掲げるときは、賃借人は、その修繕をすることができる。
　一　賃借人が賃貸人に修繕が必要である旨を通知し、又は賃貸人がその旨を知ったにもかかわらず、賃貸人が相当の期間内に必要な修繕をしないとき。
　二　急迫の事情があるとき。
(減収による賃料の減額請求)
第609条 耕作又は牧畜を目的とする土地の賃借人は、不可抗力によって賃料より少ない収益を得たときは、その収益の額に至るまで、賃料の減額を請求することができる。
(賃借物の一部滅失等による賃料の減額等)
第611条 賃借物の一部が滅失その他の事由により使用及び収益をすることができなくなった場合において、それが賃借人の責めに帰することができない事由によるものであるときは、賃料は、その使用及び収益をすることができなくなった部分の割合に応じて、減額される。
②賃借物の一部が滅失その他の事由により使用及び収益をすることができなくなった場合において、残存する部分のみでは賃借人が賃借をした目的を達することができないときは、賃借人は、契約の解除をすることができる。
(転貸の効果)
第613条 賃借人が適法に賃借物を転貸したときは、転借人は、賃貸人と賃借人との間の賃貸借に基づく賃借人の債務の範囲を限度として、賃貸人に対して転貸借に基づく債務を直接履行する義務を負う。この場合においては、賃料の前払をもって賃貸人に対抗することができない。
②　(略)
③賃借人が適法に賃借物を転貸した場合には、賃貸人は、賃借人との間の賃貸借を合意により解除したことをもって転借人に対抗することができない。ただし、その解除の当時、賃貸人が賃借人の債務不履行による解除権を有していたときは、この限りでない。
(賃借人による使用及び収益)

【資料①】「民法の一部を改正する法律」による改正後の民法条文（抜粋）

第616条　第594条第1項の規定は、賃貸借について準用する。
（賃借物の全部滅失等による賃貸借の終了）
第616条の2　賃借物の全部が滅失その他の事由により使用及び収益をすることができなくなった場合には、賃貸借は、これによって終了する。
（賃貸借の更新の推定等）
第619条　（略）
②従前の賃貸借について当事者が担保を供していたときは、その担保は、期間の満了によって消滅する。ただし、第622条の2第1項に規定する敷金については、この限りでない。
（賃貸借の解除の効力）
第620条　賃貸借の解除をした場合には、その解除は、将来に向かってのみその効力を生ずる。この場合において、損害賠償の請求を妨げない。
（賃借人の原状回復義務）
第621条　賃借人は、賃借物を受け取った後にこれに生じた損傷（通常の使用及び収益によって生じた賃借物の損耗並びに賃借物の経年変化を除く。以下この条において同じ。）がある場合において、賃貸借が終了したときは、その損傷を原状に復する義務を負う。ただし、その損傷が賃借人の責めに帰することができない事由によるものであるときは、この限りでない。
（使用貸借の規定の準用）
第622条　第597条第1項、第599条第1項及び第2項並びに第600条の規定は、賃貸借について準用する。
第622条の2　賃貸人は、敷金（いかなる名目によるかを問わず、賃料債務その他の賃貸借に基づいて生ずる賃借人の賃貸人に対する金銭の給付を目的とする債務を担保する目的で、賃借人が賃貸人に交付する金銭をいう。以下この条において同じ。）を受け取っている場合において、次に掲げるときは、賃借人に対し、その受け取った敷金の額から賃貸借に基づいて生じた賃借人の賃貸人に対する金銭の給付を目的とする債務の額を控除した残額を返還しなければならない。
　一　賃貸借が終了し、かつ、賃貸物の返還を受けたとき。
　二　賃借人が適法に賃借権を譲り渡したとき。
②賃貸人は、賃借人が賃貸借に基づいて生じた金銭の給付を目的とする債務を履行しないときは、敷金をその債務の弁済に充てることができる。この場合において、賃借人は、賃貸人に対し、敷金をその債務の弁済に充てることを請求することができない。
（注文者が受ける利益の割合に応じた報酬）
第634条　次に掲げる場合において、請負人が既にした仕事の結果のうち可分な部分の給付によって注文者が利益を受けるときは、その部分を仕事の完成とみなす。この場合において、請負人は、注文者が受ける利益の割合に応じて報酬を請求することができる。
　一　注文者の責めに帰することができない事由によって仕事を完成することができなくなったとき。
　二　請負が仕事の完成前に解除されたとき。
（請負人の担保責任の制限）
第636条　請負人が種類又は品質に関して契約の内容に適合しない仕事の目的物を注文者に引き渡したとき（その引渡しを要しない場合にあっては、仕事が終了した時に仕事の目的物が種類又は品質に関して契約の内容に適合しないとき）は、注文者は、注文者の供した材料の性質又は注文者の与えた指図によって生じた不適合を理由として、履行の追完の請求、報酬の減額の請求、損害賠償の請求及び契約の解除をすることができない。ただし、請負人がその材料又は指図が不適当であることを知りながら告げなかったときは、この限りでない。
（目的物の種類又は品質に関する担保責

任の期間の制限）
第637条　前条本文に規定する場合において、注文者がその不適合を知った時から1年以内にその旨を請負人に通知しないときは、注文者は、その不適合を理由として、履行の追完の請求、報酬の減額の請求、損害賠償の請求及び契約の解除をすることができない。
②前項の規定は、仕事の目的物を注文者に引き渡した時（その引渡しを要しない場合にあっては、仕事が終了した時）において、請負人が同項の不適合を知り、又は重大な過失によって知らなかったときは、適用しない。
（損害賠償の方法、中間利息の控除及び過失相殺）
第722条　第417条及び第417条の2の規定は、不法行為による損害賠償について準用する。
②（略）
（不法行為による損害賠償請求権の消滅時効）
第724条　不法行為による損害賠償の請求権は、次に掲げる場合には、時効によって消滅する。
　一　被害者又はその法定代理人が損害及び加害者を知った時から3年間行使しないとき。
　二　不法行為の時から20年間行使しないとき。
（人の生命又は身体を害する不法行為による損害賠償請求権の消滅時効）
第724条の2　人の生命又は身体を害する不法行為による損害賠償請求権の消滅時効についての前条第1号の規定の適用については、同号中「3年間」とあるのは、「5年間」とする。

【資料②】「民法の一部を改正する法律」（平成29年法律第44号）附則

（施行期日）
第1条　この法律は、公布の日から起算して3年を超えない範囲内において政令で定める日から施行する。ただし、次の各号に掲げる規定は、当該各号に定める日から施行する。
　一　附則第37条の規定　公布の日
　二　附則第33条第3項の規定　公布の日から起算して1年を超えない範囲内において政令で定める日
　三　附則第21条第2項及び第3項の規定　公布の日から起算して2年9月を超えない範囲内において政令で定める日
（意思能力に関する経過措置）
第2条　この法律による改正後の民法（以下「新法」という。）第3条の2の規定は、この法律の施行の日（以下「施行日」という。）前にされた意思表示については、適用しない。
（行為能力に関する経過措置）
第3条　施行日前に制限行為能力者（新法第13条第1項第10号に規定する制限行為能力者をいう。以下この条において同じ。）が他の制限行為能力者の法定代理人としてした行為については、同項及び新法第102条の規定にかかわらず、なお従前の例による。
（無記名債権に関する経過措置）
第4条　施行日前に生じたこの法律による改正前の民法（以下「旧法」という。）第86条第3項に規定する無記名債権（その原因である法律行為が施行日前にされたものを含む。）については、なお従前の例による。
（公序良俗に関する経過措置）
第5条　施行日前にされた法律行為については、新法第90条の規定にかかわらず、なお従前の例による。

【資料②】「民法の一部を改正する法律」附則

（意思表示に関する経過措置）
第6条　施行日前にされた意思表示については、新法第93条、第95条、第96条第2項及び第3項並びに第98条の2の規定にかかわらず、なお従前の例による。
②施行日前に通知が発せられた意思表示については、新法第97条の規定にかかわらず、なお従前の例による。

（代理に関する経過措置）
第7条　施行日前に代理権の発生原因が生じた場合（代理権授与の表示がされた場合を含む。）におけるその代理については、附則第3条に規定するもののほか、なお従前の例による。
②施行日前に無権代理人が代理人として行為をした場合におけるその無権代理人の責任については、新法第117条（新法第118条において準用する場合を含む。）の規定にかかわらず、なお従前の例による。

（無効及び取消しに関する経過措置）
第8条　施行日前に無効な行為に基づく債務の履行として給付がされた場合におけるその給付を受けた者の原状回復の義務については、新法第121条の2（新法第872条第2項において準用する場合を含む。）の規定にかかわらず、なお従前の例による。
②施行日前に取り消すことができる行為がされた場合におけるその行為の追認（法定追認を含む。）については、新法第122条、第124条及び第125条（これらの規定を新法第872条第2項において準用する場合を含む。）の規定にかかわらず、なお従前の例による。

（条件に関する経過措置）
第9条　新法第130条第2項の規定は、施行日前にされた法律行為については、適用しない。

（時効に関する経過措置）
第10条　施行日前に債権が生じた場合（施行日以後に債権が生じた場合であって、その原因である法律行為が施行日前にされたときを含む。以下同じ。）におけるその債権の消滅時効の援用については、新法第145条の規定にかかわらず、なお従前の例による。
②施行日前に旧法第147条に規定する時効の中断の事由又は旧法第158条から第161条までに規定する時効の停止の事由が生じた場合におけるこれらの事由の効力については、なお従前の例による。
③新法第151条の規定は、施行日前に権利についての協議を行う旨の合意が書面でされた場合（その合意の内容を記録した電磁的記録（新法第151条第4項に規定する電磁的記録をいう。附則第33条第2項において同じ。）によってされた場合を含む。）におけるその合意については、適用しない。
④施行日前に債権が生じた場合におけるその債権の消滅時効の期間については、なお従前の例による。

（債権を目的とする質権の対抗要件に関する経過措置）
第11条　施行日前に設定契約が締結された債権を目的とする質権の対抗要件については、新法第364条の規定にかかわらず、なお従前の例による。

（指図債権に関する経過措置）
第12条　施行日前に生じた旧法第365条に規定する指図債権（その原因である法律行為が施行日前にされたものを含む。）については、なお従前の例による。

（根抵当権に関する経過措置）
第13条　施行日前に設定契約が締結された根抵当権の被担保債権の範囲については、新法第398条の2第3項及び第398条の3第2項の規定にかかわらず、なお従前の例による。
②新法第398条の7第3項の規定は、施行日前に締結された債務の引受けに関する契約については、適用しない。
③施行日前に締結された更改の契約に係る根抵当権の移転については、新法第398条の7第4項の規定にかかわらず、なお従前の例による。

（債権の目的に関する経過措置）
第14条　施行日前に債権が生じた場合にお

【資料②】「民法の一部を改正する法律」附則

けるその債務者の注意義務については、新法第400条の規定にかかわらず、なお従前の例による。

第15条　施行日前に利息が生じた場合におけるその利息を生ずべき債権に係る法定利率については、新法第404条の規定にかかわらず、なお従前の例による。

②新法第404条第4項の規定により法定利率に初めて変動があるまでの各期における同項の規定の適用については、同項中「この項の規定により法定利率に変動があった期のうち直近のもの（以下この項において「直近変動期」という。）」とあるのは「民法の一部を改正する法律（平成29年法律第44号）の施行後最初の期」と、「直近変動期における法定利率」とあるのは「年3パーセント」とする。

第16条　施行日前に債権が生じた場合における選択債権の不能による特定については、新法第410条の規定にかかわらず、なお従前の例による。

（債務不履行の責任等に関する経過措置）

第17条　施行日前に債務が生じた場合（施行日以後に債務が生じた場合であって、その原因である法律行為が施行日前にされたときを含む。附則第25条第1項において同じ。）におけるその債務不履行の責任等については、新法第412条第2項、第412条の2から第413条の2まで、第415条、第416条第2項、第418条及び第422条の2の規定にかかわらず、なお従前の例による。

②新法第417条の2（新法第722条第1項において準用する場合を含む。）の規定は、施行日前に生じた将来において取得すべき利益又は負担すべき費用についての損害賠償請求権については、適用しない。

③施行日前に債務者が遅滞の責任を負った場合における遅延損害金を生ずべき債権に係る法定利率については、新法第419条第1項の規定にかかわらず、なお従前の例による。

④施行日前にされた旧法第420条第1項に規定する損害賠償の額の予定に係る合意及び旧法第421条に規定する金銭でないものを損害の賠償に充てるべき旨の予定に係る合意については、なお従前の例による。

（債権者代位権に関する経過措置）

第18条　施行日前に旧法第423条第1項に規定する債務者に属する権利が生じた場合におけるその権利に係る債権者代位権については、なお従前の例による。

②新法第423条の7の規定は、施行日前に生じた同条に規定する譲渡人が第三者に対して有する権利については、適用しない。

（詐害行為取消権に関する経過措置）

第19条　施行日前に旧法第424条第1項に規定する債務者が債権者を害することを知ってした法律行為がされた場合におけるその行為に係る詐害行為取消権については、なお従前の例による。

（不可分債権、不可分債務、連帯債権及び連帯債務に関する経過措置）

第20条　施行日前に生じた旧法第428条に規定する不可分債権（その原因である法律行為が施行日前にされたものを含む。）については、なお従前の例による。

②施行日前に生じた旧法第430条に規定する不可分債務及び旧法第432条に規定する連帯債務（これらの原因である法律行為が施行日前にされたものを含む。）については、なお従前の例による。

③新法第432条から第435条の2までの規定は、施行日前に生じた新法第432条に規定する債権（その原因である法律行為が施行日前にされたものを含む。）については、適用しない。

（保証債務に関する経過措置）

第21条　施行日前に締結された保証契約に係る保証債務については、なお従前の例による。

②保証人になろうとする者は、施行日前においても、新法第465条の6第1項（新法第465条の8第1項において準用する場合を含む。）の公正証書の作成を嘱託することができる。

【資料②】「民法の一部を改正する法律」附則

③公証人は、前項の規定による公正証書の作成の嘱託があった場合には、施行日前においても、新法第465条の6第2項及び第465条の7（これらの規定を新法第465条の8第1項において準用する場合を含む。）の規定の例により、その作成をすることができる。

（債権の譲渡に関する経過措置）

第22条　施行日前に債権の譲渡の原因である法律行為がされた場合におけるその債権の譲渡については、新法第466条から第469条までの規定にかかわらず、なお従前の例による。

（債務の引受けに関する経過措置）

第23条　新法第470条から第472条の4までの規定は、施行日前に締結された債務の引受けに関する契約については、適用しない。

（記名式所持人払債権に関する経過措置）

第24条　施行日前に生じた旧法第471条に規定する記名式所持人払債権（その原因である法律行為が施行日前にされたものを含む。）については、なお従前の例による。

（弁済に関する経過措置）

第25条　施行日前に債務が生じた場合におけるその債務の弁済については、次項に規定するもののほか、なお従前の例による。

②施行日前に弁済がされた場合におけるその弁済の充当については、新法第488条から第491条までの規定にかかわらず、なお従前の例による。

（相殺に関する経過措置）

第26条　施行日前にされた旧法第505条第2項に規定する意思表示については、なお従前の例による。

②施行日前に債権が生じた場合におけるその債権を受働債権とする相殺については、新法第509条の規定にかかわらず、なお従前の例による。

③施行日前の原因に基づいて債権が生じた場合におけるその債権を自働債権とする相殺（差押えを受けた債権を受働債権とするものに限る。）については、新法第511条の規定にかかわらず、なお従前の例による。

④施行日前に相殺の意思表示がされた場合におけるその相殺の充当については、新法第512条及び第512条の2の規定にかかわらず、なお従前の例による。

（更改に関する経過措置）

第27条　施行日前に旧法第513条に規定する更改の契約が締結された更改については、なお従前の例による。

（有価証券に関する経過措置）

第28条　新法第520条の2から第520条の20までの規定は、施行日前に発行された証券については、適用しない。

（契約の成立に関する経過措置）

第29条　施行日前に契約の申込みがされた場合におけるその申込み及びこれに対する承諾については、なお従前の例による。

②施行日前に通知が発せられた契約の申込みについては、新法第526条の規定にかかわらず、なお従前の例による。

③施行日前にされた懸賞広告については、新法第529条から第530条までの規定にかかわらず、なお従前の例による。

（契約の効力に関する経過措置）

第30条　施行日前に締結された契約に係る同時履行の抗弁及び危険負担については、なお従前の例による。

②新法第537条第2項及び第538条第2項の規定は、施行日前に締結された第三者のためにする契約については、適用しない。

（契約上の地位の移転に関する経過措置）

第31条　新法第539条の2の規定は、施行日前にされた契約上の地位を譲渡する旨の合意については、適用しない。

（契約の解除に関する経過措置）

第32条　施行日前に契約が締結された場合におけるその契約の解除については、新法第541条から第543条まで、第545条第3項及び第548条の規定にかかわらず、なお従前の例による。

（定型約款に関する経過措置）

第33条　新法第548条の2から第548条の4

までの規定は、施行日前に締結された定型取引（新法第548条の2第1項に規定する定型取引をいう。）に係る契約についても、適用する。ただし、旧法の規定によって生じた効力を妨げない。

②前項の規定は、同項に規定する契約の当事者の一方（契約又は法律の規定により解除権を現に行使することができる者を除く。）により反対の意思の表示が書面でされた場合（その内容を記録した電磁的記録によってされた場合を含む。）には、適用しない。

③前項に規定する反対の意思の表示は、施行日前にしなければならない。

（贈与等に関する経過措置）

第34条　施行日前に贈与、売買、消費貸借（旧法第589条に規定する消費貸借の予約を含む。）、使用貸借、賃貸借、雇用、請負、委任、寄託又は組合の各契約が締結された場合におけるこれらの契約及びこれらの契約に付随する買戻しその他の特約については、なお従前の例による。

②前項の規定にかかわらず、新法第604条第2項の規定は、施行日前に賃貸借契約が締結された場合において施行日以後にその契約の更新に係る合意がされるときにも適用する。

③第1項の規定にかかわらず、新法第605条の4の規定は、施行日前に不動産の賃貸借契約が締結された場合において施行日以後にその不動産の占有を第三者が妨害し、又はその不動産を第三者が占有しているときにも適用する。

（不法行為等に関する経過措置）

第35条　旧法第724条後段（旧法第934条第3項（旧法第936条第3項、第947条第3項、第950条第2項及び第957条第2項において準用する場合を含む。）において準用する場合を含む。）に規定する期間がこの法律の施行の際既に経過していた場合におけるその期間の制限については、なお従前の例による。

②新法第724条の2の規定は、不法行為による損害賠償請求権の旧法第724条前段に規定する時効がこの法律の施行の際既に完成していた場合については、適用しない。

（遺言執行者の復任権及び報酬に関する経過措置）

第36条　施行日前に遺言執行者となった者の旧法第1016条第2項において準用する旧法第105条に規定する責任については、なお従前の例による。

②施行日前に遺言執行者となった者の報酬については、新法第1018条第2項において準用する新法第648条第3項及び第648条の2の規定にかかわらず、なお従前の例による。

（政令への委任）

第37条　この附則に規定するもののほか、この法律の施行に関し必要な経過措置は、政令で定める。

【資料③】「民法の一部を改正する法律に対する附帯決議」・論点対照表

【資料③】「民法の一部を改正する法律に対する附帯決議」（衆議院・参議院）・論点対照表

論点	衆議院附帯決議（平成29・4・12）	参議院附帯決議（平成29・5・25）
暴利行為 （Q2）	一　他人の窮迫、軽率又は無経験を利用し、著しく過当な利益を獲得することを目的とする法律行為、いわゆる「暴利行為」は公序良俗に反し無効であると明示することについて、本法施行後の状況を勘案し、必要に応じ対応を検討すること。	一　情報通信技術の発達や高齢化の進展を始めとした社会経済状況の変化による契約被害が増加している状況を踏まえ、他人の窮迫、軽率又は無経験を利用し、著しく過当な利益を獲得することを目的とする法律行為、いわゆる「暴利行為」は公序良俗に反し無効であると規定することについて、本法施行後の状況を勘案し、必要に応じ対応を検討すること。
消滅時効 （Q7）	二　職業別の短期消滅時効等を廃止することに伴い、書面によらない契約により生じた少額債権に係る消滅時効について、本法施行後の状況を勘案し、必要に応じ対応を検討すること。	二　職業別の短期消滅時効等を廃止することに伴い、書面によらない契約により生じた少額債権に係る消滅時効について、本法施行後の状況を勘案し、必要に応じ対応を検討すること。
中間利息控除 （Q9）		三　法定利率が変動した場合における変動後の法定利率の周知方法について、本法施行後の状況を勘案し、必要に応じた対応を検討すること。
	三　中間利息控除に用いる利率の在り方について、本法施行後の市中金利の動向等を勘案し、必要に応じ対応を検討すること。	四　中間利息控除に用いる利率の在り方について、本法施行後の市中金利の動向等を勘案し、必要に応じ対応を検討すること。
個人保証人の保護 （Q12・Q13・Q14）	四　個人保証人の保護の観点から、以下の事項について留意すること。 　1　いわゆる経営者等以外の第三者による保証契約について、公証人による保証人になろうとする者の意思確認の手続を求めることとした趣旨を踏まえ、保証契約における軽率性や情義性を排除することができるよう、公証人に対しその趣旨の周知徹底を図るとともに、契約締結時の情報提供義務を実効	五　個人保証人の保護の観点から、以下の取組を行うこと。 　1　いわゆる経営者等以外の第三者による保証契約について、公証人による保証人になろうとする者の意思確認の手続を求めることとした趣旨を踏まえ、保証契約における軽率性や情義性を排除することができるよう、公証人に対しその趣旨の周知徹底を図るとともに、契約締結時の

【資料③】「民法の一部を改正する法律に対する附帯決議」・論点対照表

	的なものとする観点から、保証意思宣明公正証書に記載すること等が適切な事項についての実務上の対応について検討すること。	情報提供義務を実効的なものとする観点から、保証意思宣明公正証書に記載すること等が適切な事項についての実務上の対応について検討すること。
	2　保証意思宣明公正証書に執行認諾文言を付し、執行証書とすることはできないことについて、公証人に対し十分に注意するよう周知徹底するよう努めること。	2　保証意思宣明公正証書に執行認諾文言を付し、執行証書とすることはできないことについて、公証人に対し十分に注意するよう周知徹底するよう努めること。
	3　個人保証の制限に関する規定の適用が除外されるいわゆる経営者等のうち、代表権のない取締役等及び「主たる債務者が行う事業に現に従事している主たる債務者の配偶者」については、本法施行後の状況を勘案し、必要に応じ対応を検討すること。	3　個人保証の制限に関する規定の適用が除外されるいわゆる経営者等のうち、代表権のない取締役等及び「主たる債務者が行う事業に現に従事している主たる債務者の配偶者」については、本法施行後の状況を勘案し、必要に応じ対応を検討すること。
	4　我が国社会において、個人保証に依存し過ぎない融資慣行の確立は極めて重要なものであることを踏まえ、事業用融資に係る保証の在り方について、本法施行後の状況を勘案し、必要に応じ対応を検討すること。	4　我が国社会において、個人保証に依存し過ぎない融資慣行の確立は極めて重要なものであることを踏まえ、個人保証の一部について禁止をする、保証人の責任制限の明文化をする等の方策を含め、事業用融資に係る保証の在り方について、本法施行後の状況を勘案し、必要に応じ対応を検討すること。
債権譲渡 （Q15）		六　譲渡禁止特約付債権の譲渡を認めることについては、資金調達の拡充にはつながらないのではないかという懸念や、想定外の結果が生じ得る可能性があることを踏まえ、更に幅広い議論を行い、懸念等を解消するよう努めること。
定型約款 （Q20）	五　定型約款について、以下の事項について留意すること。 　1　定型約款に関する規定のうち、いわゆる不当条項及び不意打ち条項の規制の在り方について、本法施行後の取引の実情を勘案し、消費者保護の観点を踏まえ、必要に	七　定型約款について、以下の事項について留意すること。 　1　定型約款に関する規定のうち、いわゆる不当条項及び不意打ち条項の規制の在り方について、本法施行後の取引の実情を勘案し、消費者保護の観点を踏まえ、

【資料③】「民法の一部を改正する法律に対する附帯決議」・論点対照表

	応じ対応を検討すること。	必要に応じ対応を検討すること。
	2　定型約款準備者が定型約款における契約条項を変更することができる場合の合理性の要件について、取引の実情を勘案し、消費者保護の観点を踏まえ、適切に解釈、運用されるよう努めること。	2　定型約款準備者が定型約款における契約条項を変更することができる場合の合理性の要件について、取引の実情を勘案し、消費者保護の観点を踏まえ、適切に解釈、運用されるよう努めること。
諾成的消費貸借(Q22)		八　諾成的消費貸借における交付前解除又は消費貸借における期限前弁済の際に損害賠償請求をすることができる旨の規定は、損害が現実に認められる場合についての規定であるところ、金銭消費貸借を業として行う者については、資金を他へ転用する可能性が高いことを踏まえれば、基本的に損害は発生し難いと考えられるから、その適用場面は限定的であることを、弱者が不当に被害を受けることを防止する観点から、借手側への手厚い周知はもちろん、貸手側にも十分に周知徹底を図ること。 九　諾成的消費貸借における交付前解除又は消費貸借における期限前弁済の際に損害賠償請求をすることができる旨の規定については、本法施行後の状況を踏まえ、必要に応じ対応を検討すること。
周知徹底	六　消滅時効制度の見直し、法定利率の引下げ、定型約款規定の創設、また、個人保証契約に係る実務の大幅な変更など、今回の改正が、国民各層のあらゆる場面と密接に関連し、重大な影響を及ぼすものであることから、国民全般に早期に浸透するよう、積極的かつ細やかな広報活動を行い、その周知徹底に努めること。	十　消滅時効制度の見直し、法定利率の引下げ、定型約款規定の創設、また、個人保証契約に係る実務の大幅な変更など、今回の改正が、国民各層のあらゆる場面と密接に関連し、重大な影響を及ぼすものであることから、国民全般、事業者、各種関係公的機関、各種の裁判外紛争処理機関及び各種関係団体に早期に浸透するよう、積極的かつ細やかな広報活動を行い、その周知徹底に努めること。
公証人制		十一　公証人の果たす役割が今後更

【資料③】「民法の一部を改正する法律に対する附帯決議」・論点対照表

度の見直し (Q12)		に重要となることに鑑み、本法施行後の状況も踏まえつつ、公証人及び公証役場の透明化及び配置の適正化、公証役場の経営状況の把握、民間等多様な人材の登用等、公証制度が国民に更に身近で利用しやすいものとなるよう努めること。
消費者契約法の検討 (Q2・Q17・Q19等)		十二　消費者契約法その他の消費者保護に関する法律について検討を加え、その結果に基づいて所要の措置を講ずること。

執筆者一覧

■　　執筆者一覧　　■

石井　研也（香川県弁護士会）
石川　直基（大阪弁護士会）
井田　雅貴（大分県弁護士会）
上田　　純（大阪弁護士会）
岡島　順治（静岡県弁護士会）
岡田　修一（第二東京弁護士会）
河合　敏男（第二東京弁護士会）
黒木　和彰（福岡県弁護士会）
鋤柄　　司（愛知県弁護士会）
辰巳　裕規（兵庫県弁護士会）
千綿俊一郎（福岡県弁護士会）
西野　大輔（秋田弁護士会）
牧野　一樹（愛知県弁護士会）
薬袋　真司（大阪弁護士会）
山本　健司（大阪弁護士会／清和法律事務所）
吉野　　晶（群馬弁護士会）
吉村健一郎（第一東京弁護士会）
　　　　　　（五十音順）

〔編者所在地〕

日本弁護士連合会

〒100-0013　東京都千代田区霞が関1-1-3

03-3580-9841

http://www.nichibenren.or.jp/

Q&A　消費者からみた改正民法〔第2版〕

平成30年1月22日　第1刷発行

　　　　　　　　　　　　　　　　　定価　本体1600円＋税

編　者　日本弁護士連合会消費者問題対策委員会
発　行　株式会社　民事法研究会
印　刷　株式会社　太平印刷社

発行所　株式会社　民事法研究会
　　　　〒150-0013　東京都渋谷区恵比寿3-7-16
　　　　〔営業〕TEL 03(5798)7257　FAX 03(5798)7258
　　　　〔編集〕TEL 03(5798)7277　FAX 03(5798)7278
　　　　http://www.minjiho.com/　info@minjiho.com

落丁・乱丁はおとりかえします。　ISBN978-4-86556-200-2　C2032　¥1600E
カバーデザイン　関野美香

■サクラサイト・悪質サイト被害救済のためのノウハウ！

サクラサイト被害救済の実務

サクラサイト被害全国連絡協議会　編

A 5 判・211頁・定価　本体2,500円＋税

本書の特色と狙い

▶サクラサイト等の悪質サイト被害の現状や特徴、各決済手段類型のしくみなどの基礎知識から、交渉・訴訟等の具体的な対処方法、探偵等二次被害などの今後の課題までを、被害救済に取り組み、研究・実践を続けてきた弁護士が詳しく解説！

▶資料編では、サイト運営業者や決済代行業者等の関係業者に対する通知文例や準備書面例、口座凍結要請書例など、実務に即役立つ記載例を収録！

▶サクラサイト・悪質サイト被害救済に取り組むすべての法律実務家、消費生活相談員の方々に必携となる1冊！

本書の主要内容

第1章　総　論
　I　サクラサイト被害とは
　II　サクラサイト被害の歴史

第2章　サクラサイト等悪質サイトの手口・類型
　I　サクラサイトの特徴
　II　近年多発しているサクラサイト等の手口

第3章　各決済手段類型の仕組み
　I　銀行振込による決済
　II　クレジットカード決済
　III　電子マネー決済
　IV　コンビニ収納代行決済
　V　その他の決済手段
　VI　決済代行（サクラサイトに利用させている決済代行）

第4章　具体的な対処方法・問題点
　I　相談から受任まで
　II　交　渉
　III　民事訴訟
　IV　刑事関係の手続とその手続を利用した証拠収集方法
　V　関連裁判例
　VI　回収方法

第5章　占いサイトに関する具体的解決方法
　I　はじめに
　II　占いサイト被害の特徴
　III　法的構成
　IV　主張立証の方法

第6章　今後の課題～被害予防のために、運営会社が海外の出会い系サイトは利用しない！～
　I　海外サイト
　II　探偵等二次被害――被害救済を求めるなら、弁護士と面談してから依頼しよう
　III　法改正の必要性

【資料編】

発行　民事法研究会

〒150-0013　東京都渋谷区恵比寿3-7-16
（営業）TEL. 03-5798-7257　FAX. 03-5798-7258
http://www.minjiho.com/　　info@minjiho.com

▶消費者裁判手続特例法（2016年10月1日施行）の逐条解説！

コンメンタール 消費者裁判手続特例法

日本弁護士連合会消費者問題対策委員会　編

A5判・638頁・定価　本体6,100円＋税

本書の特色と狙い

- ▶2016年10月1日施行の消費者裁判手続特例法について、政省令（2016年9月改正も反映）、最高裁規則、ガイドライン、主要文献を踏まえ、実務的な解説を施した決定版！
- ▶消費者裁判手続特例法に基づく2段階の手続（共通義務確認訴訟、簡易確定手続）はもちろん、異議後の訴訟や仮差押えなどにおいて、特定適格消費者団体、裁判所、相手方となる企業等がとるべき対応を詳説！
- ▶消費者団体、消費者問題に携わる実務家、裁判所関係者、企業法務担当者等必読！

本書の主要内容

第1部　消費者裁判手続特例法の概要および立法の経緯
- Ⅰ　立法の背景
- Ⅱ　立法の経緯
- Ⅲ　消費者裁判手続特例法の概要

第2部　逐条解説　消費者裁判手続特例法（本則全99条、附則全11条）
- 第1章　総則
- 第2章　被害回復裁判手続
    - 第1節　共通義務確認訴訟に係る民事訴訟手続の特例
    - 第2節　対象債権の確定手続
    - 第3節　特定適格消費者団体のする仮差押え
    - 第4節　補則
- 第3章　特定適格消費者団体
    - 第1節　特定適格消費者団体の認定等
    - 第2節　被害回復関係業務等
    - 第3節　監督
    - 第4節　補則
- 第4章　罰則

附則

第3部　消費者裁判手続特例法の課題
- Ⅰ　制度上の課題
- Ⅱ　運用面での課題
- Ⅲ　特定適格消費者団体および特定認定を目指す適格消費者団体に対する支援

資料
　消費者裁判手続特例法、新旧対照条文、施行令、施行規則　等

事項索引

発行　民事法研究会

〒150-0013　東京都渋谷区恵比寿3-7-16
（営業）TEL. 03-5798-7257　FAX. 03-5798-7258
http://www.minjiho.com/　info@minjiho.com

▶初版より10年間の社会状況・法令・判例・理論・実務の変化を踏まえ大幅改訂！

日弁連消費者問題対策委員会設立30周年記念出版

キーワード式 消費者法事典〔第2版〕

日本弁護士連合会消費者問題対策委員会 編

A5判・515頁・定価 本体4,200円＋税

本書の特色と狙い

▶消費者問題に関心をもつ方に幅広く支持された初版を、消費者庁発足をはじめとする消費者行政の動向、急増するインターネット取引や高齢社会をめぐる消費者問題など、この10年の間における変化に対応して大幅改訂！

▶日本弁護士連合会消費者問題対策委員会に所属する弁護士が、研究者、消費者団体関係者等の協力も得て、30年にわたる消費者被害救済活動の集大成として、消費者問題にかかわる事項・用語を網羅的に解説し、消費者法の到達点を明らかにした事典！

▶民法改正や消費者裁判手続特例法などの最新法改正情報、100を超える新判例、最新の理論・実務も盛り込み、この1冊で最新の消費者法関連情報が網羅的に把握できる！

▶1項目1頁のキーワード式で、15分野・370項目について簡明な解説を施したうえ、事項索引・判例索引も収録し、すぐに検索でき、理解・応用がしやすく実務・研究に至便！

▶消費者被害救済に携わる実務家、研究者はもちろん、消費者問題に関心のあるすべての方々にとって必携の1冊！

本書の主要内容

Ⅰ　消費者契約法・消費者法理論［30］
Ⅱ　特定商取引法・悪質商法［21］
Ⅲ　情報化社会の進展に伴うトラブル［28］
Ⅳ　金融サービス被害［43］
Ⅴ　宗教トラブル［17］
Ⅵ　クレジット契約被害［23］
Ⅶ　サラ金・ヤミ金・商工ローン被害［27］
Ⅷ　欠陥商品被害［24］
Ⅸ　食の安全［14］
Ⅹ　住宅被害［27］
Ⅺ　独占禁止法・不公正取引・不当表示［25］
Ⅻ　消費者訴訟［21］
ⅩⅢ　消費者行政・消費者政策［23］
ⅩⅣ　消費者教育［13］
ⅩⅤ　消費者運動［34］

参考資料
・《年表》日本弁護士連合会の消費者問題についての取組（1945年～2013年）
・事項索引
・判例索引
※［　］内は各分野のキーワード数

発行　民事法研究会

〒150-0013　東京都渋谷区恵比寿3-7-16
（営業）TEL. 03-5798-7257　FAX. 03-5798-7258
http://www.minjiho.com/　info@minjiho.com